어린이 로스쿨 ❶

법학 교수가 들려주는
형법과 똑똑한 학교생활

어린이 로스쿨 ❶

법학 교수가 들려주는
형법과 똑똑한 학교생활

류동훈 글 · 김소희 그림

길벗어린이

> 들어가는 말

　여러분은 법조인이 되고 싶다는 생각을 해 본 적이 있나요? 법조인은 판사나 검사, 변호사같이 법을 전문적으로 다루는 사람을 말해요.

　공부를 열심히 하기만 하면 훌륭한 법조인이 될 수 있을까요? 그보다 중요한 것은 법 논리적으로 생각하는 힘을 키우는 일이랍니다. 법조인처럼 생각할 수 있는 힘 말이에요. 그런 힘을 키울 수 있다면 법을 이해하는 데 큰 도움이 될 거예요.

　법조인이 되는 것이 꿈이 아니더라도 마찬가지예요. 우리가 살아가는 세상은 법질서로 유지되고 있으니까요. 법을 이해하고, 법 논리적으로 생각하는 힘을 기르면 앞으로 만날 수 있는 크고 작은 장애물들을 슬기롭게 피하거나 잘 이겨 낼 수 있어요.

　법은 우리와 떼려야 뗄 수 없는 관계를 맺고 있어요. 우리가 알아차리지 못하는 순간에도 법은 우리 생활에 영향을 미치고 있답니다. 책을 읽고 있는 바로 이 순간에도 말이에요. 우리는 법과 한 몸인 것처럼 그 속에서 살아가고 있어요.

　이제 법을 이해하는 능력을 기르는 것이 얼마나 중요한지 알겠지요? 법 논리적으로 생각하는 힘을 기르면 다른 영역에서도 논리적 사고를 하는 데 도움을 받을 수 있어요.

　자, 준비되었나요?
　법 논리적으로 생각하는 힘! 그 힘을 키우러 함께 떠나 볼까요?

목 차

학교에서 친구의 물건을 망가뜨렸어요

[법학초등학교 규칙 제366조] 다른 사람의 물건을 일부러 부수거나 숨겨서 못 쓰게 만든 학생에게는 벌점 3점을 부여한다.　　　　　　　　　　　　　　　　　　　　　　　　　　　　　　　　　8

죄형법정주의 11 | **유추해석금지의 원칙** 14 | **소급효금지의 원칙** 17

친구가 우리 집 반려견한테 물렸어요

[법학초등학교 규칙 제257조] 다른 사람의 몸을 일부러 다치게 한 학생에게는 벌점 7점을 부여한다.　　18

미필적 고의 & 상해죄 22 | **부작위범** 25

때리거나 겁을 주어서 친구한테 무언가를 얻을 수 있을까요?

[법학초등학교 규칙 제333조] 다른 사람을 때리거나 협박하여 돈이나 물건을 빼앗은 학생에게는 벌점 25점을 부여한다.

[법학초등학교 규칙 제350조] 다른 사람에게 공포심을 일으키게 하여 돈이나 물건을 얻은 학생에게는 벌점 10점을 부여한다.

[법학초등학교 규칙 제324조] 때리거나 협박하여 다른 사람에게 의무 없는 일을 하게 한 학생에게는 벌점 5점을 부여한다.　　　　　　　　　　　　　　　　　　　　　　　　　　　　　　　　　　　26

강도죄 & 공갈죄 33 | **법률의 부지 & 강요죄** 38

> 창피를 주려고 친구의 치마를 들추었어요

[법학초등학교 규칙 제298조] 때리거나 협박하여 다른 사람으로 하여금 성적으로 부끄러움이나 싫어하는 마음을 느끼게 한 학생에게는 벌점 10점을 부여한다.   39
강제추행죄 43

> 허락 없이 친구의 물건을 가지면 어떻게 될까요?

[법학초등학교 규칙 제26조] 학생이 규칙 위반의 행동을 시작한 후 스스로 중지하였다면 위반된 규칙의 벌점을 부여하지 않거나 그 $\frac{1}{2}$만 부여한다.
[법학초등학교 규칙 제329조] 다른 사람의 물건을 훔쳐 간 학생에게는 벌점 6점을 부여한다.
[법학초등학교 규칙 제360조] 다른 사람이 자기도 모르게 두고 가거나 흘리고 간 물건 또는 잃어버린 물건을 가지고 간 학생에게는 벌점 1점을 부여한다.   44
사실의 착오(고의) 49 | 불법영득의사 & 절도죄 54 | 중지미수 60 | 점유 & 점유이탈물횡령죄 66

> 친구가 내 자전거에 부딪혀서 다쳤어요

[법학초등학교 규칙 제266조] 다른 사람의 몸을 실수로 다치게 한 학생에게는 벌점 0.5점을 부여한다.   67
과실범 & 과실치상죄 & 신뢰의 원칙 72

> 친구와 주먹다짐을 했어요

[법학초등학교 규칙 제260조] 다른 사람의 몸을 때린 학생에게는 벌점 2점을 부여한다.
[법학초등학교 규칙 제262조] 규칙 제260조를 위반하여 다른 사람을 다치게 한 학생에게는 벌점 7점을 부여한다.   73
정당방위 78 | 결과적 가중범 & 폭행치상죄 83 | 속지주의 & 속인주의 87

사나운 개를 피하려다가 이성 학생의 탈의실에 들어갔어요

[법학초등학교 규칙 제319조] 이성 학생의 탈의실이나 화장실에 침입한 학생에게는 벌점 3점을 부여한다. 88
긴급피난 & 주거침입죄 92

학업 성취도 평가에서 커닝을 했어요

[법학초등학교 규칙 제314조] 거짓 사실을 알리는 등으로 선생님의 착각을 이용하여 선생님의 업무를 방해한 학생에게는 벌점 5점을 부여한다.
[법학초등학교 규칙 제30조] 두 명 이상이 '공동으로' 규칙을 위반하면 각자에게 그 위반된 규칙의 벌점을 부여한다.
[법학초등학교 규칙 제32조] 다른 사람의 규칙 위반을 '도와준' 학생에게는 그 위반된 규칙의 벌점 $\frac{1}{2}$을 부여한다. 93
기대가능성 99 | **공동정범 & 종범 & 업무방해죄** 105

친구를 헐뜯거나 놀리고 싶어요

[법학초등학교 규칙 제307조] 공공연하게 거짓 사실을 표시하여 다른 사람의 명예를 훼손한 학생에게는 벌점 5점을 부여한다.
[법학초등학교 규칙 제311조] 공공연하게 다른 사람을 모욕한 학생에게는 벌점 1점을 부여한다. 106
명예훼손죄 & 모욕죄 113

[법학초등학교 규칙 제366조]
다른 사람의 물건을 일부러 부수거나
숨겨서 못 쓰게 만든 학생에게는
벌점 3점을 부여한다.

 법학초등학교 친구들은 학교생활을 하면서 법질서를 배우고 있어요. 법학초등학교는 법질서를 알려주기 위해서 여러 가지 규칙을 정해 놓았어요.
 어떤 일이 발생할 때마다 학생들은 함께 모여서 어떻게 하는 것이 좋을지, 학교 규칙에 따라 얼마나 벌점을 받아야 할지 토론을 했어요.
 오늘도 학생들은 교실에 모여서 법질서에 대해서 이야기를 나누었어요.
 그런데 숭이가 실수로 코순이의 손목시계를 망가뜨리고 말았어요. 의자 위에 손목시계가 있는 걸 보지 못하고, 그 위에 앉아 버린 거예요. 코순이는 손목시계 유리에 금이 간 걸 보고 몹시 속상해했어요.

'실수'로 코순이의 손목시계를 망가뜨린 숭이는 벌점을 받아야 할까요?

그래도 코순이 물건을 못 쓰게 만들었잖아. 잘못한 건 잘못한 거니까 벌점을 받아야지.

얘들아, 좀 봐주라. 규칙에는 다른 사람의 물건을 '일부러' 못 쓰게 한 경우에만 벌점을 준다고 나와 있잖아.

진정해, 코순아. 시계 유리가 깨진 건 맞지만 숭이가 일부러 그런 건 아니잖아. 학교 규칙 제366조에는 '실수'로 다른 사람의 물건을 못 쓰게 한 경우에도 벌점을 줄 수 있다는 내용은 없는걸? 숭이가 정말 벌점을 받아야 할까?

아빠가 생일 선물로 사 주신 시계가 망가졌어. 숭이는 당연히 벌을 받아야 해! 내가 이 시계를 얼마나 아꼈는데….

너는 어떻게 생각하니?

선생님 말씀

숭이는 실수로 코순이의 손목시계를 망가뜨렸어요. 규칙 제 366조에는 다른 사람의 물건을 '일부러' 못 쓰게 한 경우에만 벌점을 준다고 나와 있어요.

벌점을 주려면 '근거'가 있어야 해요. '실수로' 다른 사람의 물건을 못 쓰게 만든 경우에도 벌점을 준다는 규칙이 없으면, 숭이에게 벌점을 줄 수 없어요. 근거 없이 벌점을 줄 수는 없으니까요.

 **어린이 로스쿨** — 죄형법정주의

일부러 다른 사람의 물건을 부수어서 못 쓰게 만든다면 손괴죄[1]로 처벌을 받아요.

그런데 이런 처벌은 반드시 **죄형법정주의**를 따라야 해요. **죄형법정주의**란 하지 말아야 할 행동과 그에 대해 어떤 형벌을 줄지에 대해서 모두 법에서 정해야 한다는 뜻이랍니다. 법에서 정하고 있지 않은 행동에 대해서까지 형벌을 줄 수는 없어요.

죄형법정주의

---

1) **형법 제366조(재물손괴 등)** 타인의 재물, 문서 또는 전자기록 등 특수매체기록을 손괴 또는 은닉 기타 방법으로 기 효용을 해한 자는 3년 이하의 징역 또는 700만 원 이하의 벌금에 처한다.

너는 어떻게 생각하니?

선생님 말씀

정해진 반 규칙의 내용을 마음대로 '확대'해서 해석할 수는 없어요. 그것이 그 규칙을 적용받는 학생에게 불리하게 해석된다면 말이죠. 원칙적으로 규칙은 정해져 있는 내용 그대로 해석해야 해요. 따라서, '일부러' 다른 사람의 물건을 못 쓰게 만들면 벌점을 준다는 내용의 규칙을 '실수로' 다른 사람의 물건을 못 쓰게 만든 경우까지 확대 적용해서 벌점을 줄 수는 없어요.

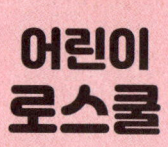 

어린이 로스쿨

유추해석금지의 원칙

법에서 정하고 있지 않은 사항에 대해 그것과 비슷한 성질을 가진 내용을 가져와서 마음대로 적용할 수는 없어요. 이것을 **유추해석금지의 원칙**이라고 해요. 함부로 '유추해석'을 함으로써 애초에 법이 처벌할 생각이 없었던 행동까지 '확대'해서 처벌할 수는 없다는 거죠. '죄형법정주의'의 한 원칙이랍니다.

그럼 다음 학교 임원 회의 때 그 규칙을 바꾸자는 제안을 하겠어요. '다른 사람의 물건을 일부러 또는 실수로 부수거나 숨겨서 못 쓰게 만든 학생에게는 벌점 3점을 부여한다'는 것으로! 그러면 숭이에게 벌점을 줄 수 있겠지요?

이제 그만하면 안 돼? 미안하다고 했잖아….

그렇게 규칙을 바꿀 수는 있겠지. 하지만 숭이가 시계 유리를 깰 당시에는 그런 규칙이 없었잖아? 숭이한테는 바꾸기 전의 규칙을 적용하는 게 맞지 않을까? 숭이는 그 당시 실수한 행동에 대해서 벌점을 받을 거라고 생각하지 않았을 것 같아.

맞아, 바꾸기 전의 규칙에는 '실수로' 인한 행동에 대해서도 벌점을 준다는 내용이 없었잖아?

규칙은 모든 경우에 '동일'하게 적용해야 하는 거 아니야? 왜 바꾸기 전과 후를 나누어서 다르게 적용하니? 벌점 대상이 아니었던 행동을 벌점 대상에 포함시킨다는 건 그 이전의 규칙이 잘못되었다는 뜻 아니겠어? 그러니까 숭이는 바뀐 규칙에 따라서 벌점을 받아야 해.

너는 어떻게 생각하니?

선생님 말씀

어떤 행위가 벌점 대상이 되느냐, 몇 점의 벌점을 주어야 하느냐 등의 문제는 '행위 당시'의 규칙을 기준으로 정해요. 그 당시 없었던 규칙의 내용으로 벌점을 주는 것은 숭이에게 억울한 일이 되니까요.

규칙의 적용은 학생들의 믿음을 보호할 수 있어야 해요. '지금 내가 하는 이 행동은 벌점 대상이 아니지'라는 믿음 말이에요.

어린이 로스쿨

소급효금지의 원칙

　형법 제1조 제1항, "범죄의 성립과 처벌은 행위 시의 법률에 따른다." 이를 '행위시법주의'라고 해요. 다른 말로는 **소급효금지의 원칙**이라고도 하고요. 이 역시 죄형법정주의의 원칙 중 하나랍니다. '소급'이란 과거까지 거슬러 올라가 미치게 한다는 뜻이에요. 그러니까 **소급효금지의 원칙**이란 바꾼 법을 과거의 행위까지 거슬러 올라가 적용해서는 안 된다는 의미랍니다.

> **[법학초등학교 규칙 제257조]**
> 다른 사람의 몸을 일부러 다치게 한 학생에게는
> 벌점 7점을 부여한다.

다음 날, 숭이와 코순이는 길에서 만났어요. 코순이는 반려견 뽀삐를 산책시키던 중이었어요. 코순이는 반가운 척도 하지 않고 뽀삐의 목줄을 잡은 채 가만히 서 있기만 했어요.

"코순아, 안녕?"

숭이는 멀리서 코순이를 보며 손을 흔들었어요.

바로 그 순간 뽀삐가 사납게 짖으며 버둥거렸어요. 코순이는 목줄을 놓쳤고, 뽀삐는 숭이한테 달려가 신발 가방을 물었어요. 숭이는 가방을 잡아당기다가 뽀삐한테 손등을 물리고 말았어요. 다행히 크게 다친 건 아니었지만 병원에 가서 치료를 받아야만 했어요.

코순이는 벌점을 받아야 할까요?

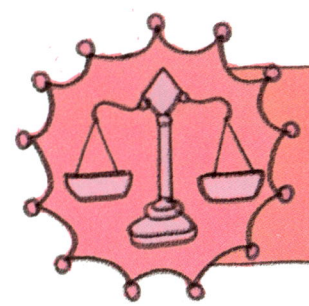

왜 나한테 벌점을 주려는 거야? 내가 잘못한 거라고는 뽀삐의 목줄을 느슨하게 잡고 있었던 것뿐인데…. 뽀삐가 숭이한테 달려가는 바람에 '실수로' 목줄을 놓친 거라고. '일부러' 그런 게 아니야.

예전에 뽀삐가 별이한테 달려든 적도 있었다며? 목줄을 '꽉' 잡고 있었어야지! 나도 그런 일을 당할까 봐 무섭다, 무서워.

맞아, 그때 재빨리 피해서 천만다행이었지. 아니었으면 나도 숭이처럼 손등을 물렸을 거야.

설마 시계 사건 때문에 일부러 목줄을 놓은 건 아니겠지?

너는 어떻게 생각하니?

_____
_____
_____
_____
_____

선생님 말씀

'일부러'라는 건 자기가 앞으로 어떤 행동을 하려는 것인지 정확히 알고, 그대로 행동하려는 의지가 있다는 뜻이에요. 그런데 '일부러'에는 그 행동에 따른 결과가 발생하여도 '어쩔 수 없다'라는 의미도 포함된답니다. 이건 유추해석이 아니에요. '일부러'라는 뜻에는 강한 '일부러'와 약한 '일부러'가 있는데, '어쩔 수 없지'라고 생각하는 건 약한 '일부러'라고 할 수 있어요.

즉, 어떤 일이 일어나도 '어쩔 수 없지'라고 생각하고 뽀삐의 목줄을 느슨하게 잡아서 송이를 다치게 한 것은 규칙 제257조에서 말하는 '일부러' 다치게 하는 것과 같은 경우랍니다.

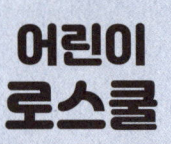 

어린이 로스쿨: 미필적 고의 & 상해죄

기본적으로 범죄는 '일부러' 행해져야 해요. 일부러 저지른 범죄를 '고의범'이라고 해요. '친구를 다치게 해야지'라고 생각하고 행동하면 '고의범'이에요.

그런데 **미필적 고의**라는 말도 있어요. 확실한 고의는 아니지만, 나쁜 결과를 발생시킬 의도가 있는 경우를 말해요. 그래서 **미필적 고의**로 범죄를 저질러도 똑같이 '고의범'으로 처벌된답니다.

형법은 '고의'로 다른 사람을 다치게 하면 **상해죄**로 처벌해요. '고의'에는 **미필적 고의**도 포함되고요. '사람이 다쳐도 어쩔 수 없지'라고 생각하고 행동했고, 그 결과 그런 일이 일어났다면 **상해죄**[2]로 처벌받을 수 있어요.

---

2) **형법 제257조(상해)** ① 사람의 신체를 상해한 자는 7년 이하의 징역, 10년 이하의 자격 정지 또는 1천만 원 이하의 벌금에 처한다.

너는 어떻게 생각하니?

선생님 말씀

성질이 사나워 공격 성향이 강한 개를 데리고 다니는 사람은 그 개가 다른 사람을 물지 못하게 할 '의무'가 있어요. 목줄을 잘 잡고 다녀야 하고 필요하다면 입마개도 해야 할 거예요.

코순이는 뽀삐가 숭이를 물어도 어쩔 수 없다고 생각하면서 그 '의무'를 다하지 않았어요. 그 결과 숭이가 다쳤으니 코순이는 이 일에 대한 책임을 피할 수 없어요. 코순이가 주어진 의무를 다하지 않고 뽀삐의 목줄을 느슨하게 잡은 건 숭이를 직접적으로 다치게 한 행동과 같은 거라고 볼 수 있어요.

어린이 로스쿨 — 부작위범

'죄를 범하다'라는 말을 들어 본 적이 있을 거예요. 범죄란 원칙적으로 '행동'에 의해서 이루어져요. 무언가를 해야 한다는 거죠. 이걸 '작위'라고 해요. 반대로, 아무것도 안 하는 건 '부작위'라고 불러요.

그런데 범죄는 '부작위'에 의해서도 일어날 수 있어요. 법에서 정하는, 나쁜 결과를 방지할 '의무'가 있다면 말이죠. 이런 범죄를 **부작위범**[3]이라고 해요.

법에서 정하는 나쁜 결과(규칙 제257조, '친구의 몸을 다치게 하는 결과' 같은 것 말이에요.)가 발생할 것을 막을 '의무'가 있는 사람이라면, 그런 일이 발생하지 않도록 '하여야' 하거든요. 나쁜 결과가 발생하지 않도록 '작위'할 '의무'가 있다는 거예요.

그럼에도 불구하고 아무것도 하지 않았고, 즉 '부작위'하여 나쁜 결과가 발생했다면, 그 사람은 '부작위'의 형식으로 범죄를 '범한' 것이 되는 겁니다.

코순이는 뽀삐의 목줄을 꽉 잡을 '의무'가 있었지만 그 '의무'를 다하지 않았어요. 그 결과로 숭이가 다치게 되었으니, '부작위'로 숭이를 다치게 한 것이에요. 규칙 제257조 위반입니다.

---

[3] **형법 제18조(부작위범)** 위험의 발생을 방지할 의무가 있거나 자기의 행위로 인하여 위험 발생의 원인을 야기한 자가 그 위험 발생을 방지하지 아니한 때에는 그 발생된 결과에 의하여 처벌한다.

[법학초등학교 규칙 제333조]
다른 사람을 때리거나 협박하여 돈이나 물건을 빼앗은
학생에게는 벌점 25점을 부여한다.

[법학초등학교 규칙 제350조]
다른 사람에게 공포심을 일으키게 하여
돈이나 물건을 얻은 학생에게는 벌점 10점을 부여한다.

[법학초등학교 규칙 제324조]
때리거나 협박하여 다른 사람에게 의무 없는
일을 하게 한 학생에게는 벌점 5점을 부여한다.

코순이와 숭이 사이는 더 멀어졌어요. 특히 코순이는 마음이 불편했어요. 뽀삐가 숭이를 문 건 안타까웠지만 그 일로 벌점을 받게 된 건 억울했거든요. 그래서 숭이랑 마주칠 때마다 쌩하고 그냥 지나가 버렸어요.
　숭이는 그럴 때마다 머리끝까지 화가 났어요. 뽀삐 사건에 대해서 진심 어린 사과도 받지 못했다는 생각이 들었고요. 숭이는 복수를 해야겠다고 생각했어요. 어느 날 쉬는 시간에 혼자 복도를 걸어오는 코순이를 발견한 숭이는 코순이의 치마를 들추고는 도망가 버렸어요. 코순이는 너무 창피해서 그 자리에 주저앉아 펑펑 울었어요.
　숭이는 슬며시 걱정이 되었어요.
　'코순이가 선생님한테 이르면 어떻게 하지? 코순이 부모님이 아시면 엄청 화를 내시겠지?'
　숭이는 자기가 한 행동이 후회되었어요. 그래서 코순이한테 가서 사과하기로 마음먹었어요.

 코순이는 숭이가 한 일을 선생님께 이르겠다고 협박해서 돈을 받으려고 했어요.

코순아, 너 그런 애인지 몰랐어. 숭이를 협박해서 돈을 빼앗으려고 하다니…. 정말 실망이다. 협박해서 돈을 뺏으면 학교 규칙 제333조 위반이야!

빼앗은 게 아니야, 그냥 좀 빌린 거지…. 숭이야! 내 말이 맞지? 숭이가 나한테 잘못한 일이 있어. 그걸 말하지 않는 대신 돈을 빌려주기로 한 거야.

코순이가 달라고 해서 준 거긴 해. 내가 잘못한 일이 있는 것도 맞고.

이런 행동을 해도 괜찮을까요?
잘못한 일이라면 벌점 몇 점을 받아야 할까요?

코순이가 돈을 달라고 했고, 그래서 숭이가 그 돈을 준 거라면 '빼앗은' 거라고 볼 수 없기는 하지. 하지만 코순이 너는 학교 규칙 제350조에 따라서 벌점은 받아야 할 것 같아.
숭이의 잘못을 선생님께 얘기할 것처럼
공포심을 주어서 숭이한테 돈을 얻은 것이니까!

난 숭이가 한 일을 선생님께 이르지 않았어.
숭이도 얻은 게 있으니까 각자 원하는 걸 얻은 거지.
이걸로 벌점을 받으라는 건 너무한 거 아니니?

학교 규칙 제350조를 잘 떠올려 봐.
그럼 왜 벌점을 받아야 하는지 알게 될 거야.

너는 어떻게 생각하니?

선생님 말씀

규칙 제333조에 나와 있는 '빼앗다'라는 의미는 사람을 때리거나 심한 협박을 해서 무언가를 빼앗는 걸 의미해요.

규칙 제350조는 다른 사람에게 공포심을 일으키게 하여 무언가를 얻는 거예요. 이것 역시 사람을 때리거나 협박하는 일을 통해서 이루어지지만 그 정도가 조금 약할 뿐이에요.

누군가를 때리거나 협박해서 돈을 빼앗는다면 학교 규칙 제333조 위반이고, 빼앗은 건 아니지만 친구가 겁에 질려서 스스로 돈을 건네주었다면 제350조 위반이 되는 거예요.

어린이 로스쿨

강도죄 & 공갈죄

　강한 강도로 사람을 때리거나, 협박해서 다른 사람의 물건을 빼앗으면 강도죄[4]로 처벌받아요. 폭행이나 협박의 정도가 강해서 그걸 당하는 사람은 그 물건을 줄 것인지 말 것인지 결정할 여유조차 없어요. 너무 무서워서 얼어붙어 버리는 거예요. 그 상태를 이용해서 물건을 '빼앗는' 행위를 '강취'라고 해요.

　한편, 그보다 약한 폭행이나 협박을 통해 다른 사람이 '공포심'을 느끼게 하고, 그 상태를 이용해 물건 등을 얻으면 공갈죄[5]가 돼요. 사람을 폭행하거나 협박해서 '공포심'을 일으키게 하는 것을 '공갈'이라고 하거든요. 이 경우에는 폭행이나 협박의 정도가 강도죄만큼 강하지 않아서 당하는 사람이 물건을 줄 것인지 말 것인지 결정할 자유가 있기는 해요.

　다시 말해, 폭행이나 협박을 당한 사람이 두려운 나머지 얼어붙은 상태에서 물건을 가져오면 강도죄가 되고, 두려움 때문에 물건을 주기로 결정한다면 공갈죄가 되는 거예요.

　비록 정당한 권리를 실현하기 위해서 한 일이라도 그 실현 방법이 법에서 허용하는 정도를 넘는다면 위법이에요.

---

4) **형법 제333조(강도)** 폭행 또는 협박으로 타인의 재물을 강취하거나 기타 재산상의 이익을 취득하거나 제3자로 하여금 이를 취득하게 한 자는 3년 이상의 유기징역에 처한다.

5) **형법 제350조(공갈)** ① 사람을 공갈하여 재물의 교부를 받거나 재산상의 이익을 취득한 자는 10년 이하의 징역 또는 2천만 원 이하의 벌금에 처한다.

코순이가 또 숭이의 약점을 이용하네요.

음…. 모르고 저지른 일까지 일일이 벌점을 주어야 할까?

숭이야, 그렇게 당하고도 그런 말이 나와? 학생들이 규칙을 위반할 때마다 그런 규칙이 있는 줄 몰랐다고 하면 다 벌점을 피해 갈 수 있겠네?

너는 어떻게 생각하니?

선생님 말씀

규칙이 있는 줄 몰랐다는 건 변명이 되지 않아요. 자신이 하는 행동이 어떤 행동인 줄 알고 하였고 그 행동으로 나쁜 결과가 발생하여 규칙을 위반하게 된 거니까요.

자기 행동이 벌점 부여 대상인 줄 몰랐다는 사정은 학생의 행동을 '비난'하는 데에 전혀 영향을 주지 않아요. 학교는 잘못된 학생의 행동에 대해 똑같이 '비난'할 수 있고, 똑같이 그 규칙을 적용해 벌점을 줄 수 있어요.

누군가 친구를 협박해서 친구가 해야 할 의무도 없는 일을 강요하고 시킨다면 문제가 돼요. 그 친구가 학교 규칙 제324조를 알았든 몰랐든 그 규칙 위반으로 벌점을 부여받아야 해요.

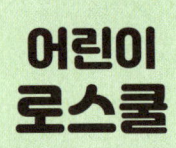

어린이 로스쿨
법률의 부지 & 강요죄

'그런 법률이 있는지 알지 못했다'는 걸 **법률의 부지**라고 해요. 하지만 **법률의 부지**가 범인의 법적 '책임'을 덜어 주거나 없애 주는 건 아니에요. 자기 행동이 처벌되는 일인 줄 몰랐다는 사정은 처벌에 아무런 영향을 미치지 못해요.

법적 '책임'이라는 건 그 사람의 행동을 '비난'할 수 있을 때 인정되는 거예요. **법률의 부지**로 그 '비난 가능성'을 줄이거나 없앨 수 없어요. 범인은 자신의 행동에 따른 법적 '책임'을 온전히 져야 하는 거예요.

폭행이나 협박으로 다른 사람에게 의무 없는 일을 시킨다면, 돈이나 물건을 얻지 않더라도, 그 자체로 형사처벌을 받아요. 이걸 **강요죄**[6]라고 한답니다. 말 그대로 다른 사람을 '강요'해서 그 사람이 해야 할 일이 아닌 걸 억지로 시킨다면 처벌된다는 거예요. 누구나 자신의 일을 결정할 수 있는 자유를 침해하기 때문이에요.

---

6) **형법 제324조(강요)** ① 폭행 또는 협박으로 사람의 권리 행사를 방해하거나 의무 없는 일을 하게 한 자는 5년 이하의 징역 또는 3천만 원 이하의 벌금에 처한다.

[법학초등학교 규칙 제298조]
때리거나 협박하여 다른 사람으로 하여금 성적으로 부끄러움이나 싫어하는 마음을 느끼게 한 학생에게는 벌점 10점을 부여한다.

선생님은 숭이가 코순이의 치마를 들추었다는 사실을 알게 되었어요. 멀리서 그 모습을 본 친구가 그 일을 이른 거예요. 숭이는 학교 규칙에 따라 벌점을 받아야 할까요? 아이들은 이 일을 두고 의견을 나누었어요.

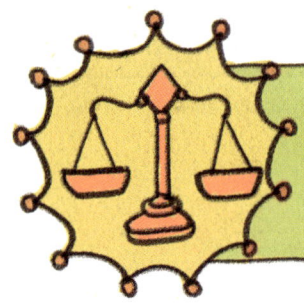

숭이는 코순이의 치마를 들춘 일로 벌점을 받게 될까요?

저질!

숭이 너, 코순이 치마를 들추었다면서? 코순이가 얼마나 창피했으면 그 자리에서 펑펑 울었겠니? 규칙 제298조도 몰라? '때리거나 협박하여 다른 사람으로 하여금 성적으로 부끄러움이나 싫어하는 마음을 느끼게' 하면 벌점을 받아야 해!

내가 잘못한 건 알고 있어. 이미 사과도 했고. 하지만 나는 코순이를 때리거나 협박한 적이 없어. 그냥 치마를 슬쩍 들춘 게 다라고. 그게 어떻게 규칙 제298조를 위반한 거냐?

그러네. 규칙 제298조를 적용하기는 어렵겠는걸? 거기에는 분명 '때리거나 협박하여'라고 쓰여 있잖아?

너는 어떻게 생각하니?

선생님 말씀

규칙 제298조 위반이 되려면 다른 사람을 때리거나 협박하는 행위가 있어야 해요. 이 점은 별이 말이 맞아요. 하지만 어느 정도의 힘으로 때렸는지를 따지지는 않는답니다. 상대가 그런 행동을 원하지 않았다는 것이 중요해요.

상대가 원하지 않았다면, 최소한의 힘으로 그 사람 몸과 접촉해도 '때린다'는 게 돼요. 이런 경우에는 털끝 하나 스치더라도 '때리는' 행동으로 볼 수 있어요.

코순이에게 원하지 않는 몸의 접촉이 있었던 이상, 숭이가 저지른 일은 '때리는' 행동에 포함될 수 있어요. 결국 숭이는 규칙 제298조 위반으로 벌점 10점을 받아야 하는 거예요.

꼭 기억하세요! 성적으로 부끄러움이나 싫어하는 마음을 느낄 만한 행동이나, 친구가 원하지 않는 몸의 접촉은 조금이라도 하면 안 된다는 것을요!

어린이 로스쿨 — 강제추행죄

다른 사람을 때리거나 협박하여 성적으로 수치심을 느끼게 하는 행동을 형법에서는 **강제추행죄**[7]라고 해요. '강제'로 '추행'하면 처벌한다는 거죠.

'추행'이란 글자 그대로 더럽고 지저분한 행동을 하여서, 다른 사람으로 하여금 성적으로 수치심이나 혐오감을 일으키는 거예요.

얼마나 큰 힘을 사용하느냐와 상관없이 그 행동이 다른 사람에게 행해져서 성적으로 수치심이나 혐오감을 일으킨다면, 모두 '강제'적 행동에 포함돼요. 아무리 작고 약한 행동이라도 상대가 원하지 않는다면 '강제추행'이 될 수 있답니다.

---

7) **형법 제298조(강제추행)** 폭행 또는 협박으로 사람에 대하여 추행을 한 자는 10년 이하의 징역 또는 1천 500만 원 이하의 벌금에 처한다.

[법학초등학교 규칙 제26조]
학생이 규칙 위반의 행동을 시작한 후 스스로 중지하였다면 위반된 규칙의 벌점을 부여하지 않거나 그 $\frac{1}{2}$만 부여한다.

[법학초등학교 규칙 제329조]
다른 사람의 물건을 훔쳐 간 학생에게는 벌점 6점을 부여한다.

[법학초등학교 규칙 제360조]
다른 사람이 자기도 모르게 두고 가거나 흘리고 간 물건 또는 잃어버린 물건을 가지고 간 학생에게는 벌점 1점을 부여한다.

코순이와 숭이는 화해를 했어요. 서로에게 진심으로 사과를 했지요. 숭이는 화해의 뜻으로 코순이에게 새 손목시계를 선물했고요.

그런데 그 손목시계는 양이의 것과 똑같은 것이었어요.

양이는 체육 시간이 끝나고 코순이의 손목시계가 자기 것인 줄 알고 가져가 버렸어요. 집으로 돌아오고 나서야 그 사실을 알고 코순이한테 연락을 해서 시계를 돌려주었어요.

양이는 코순이의 손목시계를 가져간 일로 벌점을 받게 될까요?

양이는 코순이의 시계가 탐나서 가져간 게 아니야. 자기 것인 줄 '착각'한 거야. 그건 훔친 게 아니지.

같은 디자인의 시계니까 헷갈릴 수 있었겠지. 그래도 양이가 가져간 게 내 시계라는 사실은 바뀌지 않아. 어쨌든 남의 걸 가져갔으니 훔쳐 간 거지!

양이는 '실수'한 거야. '일부러' 코순이 시계를 가져간 게 아니라고.

맞아, 난 코순이 시계가 내 시계인 줄 착각했을 뿐이야. 잘못 가져왔다는 걸 알자마자 사과하고 돌려주었어.

음…. 내가 너무 감정적으로 생각했나?

너는 어떻게 생각하니?

_____

_____

_____

_____

_____

_____

_____

선생님 말씀

양이가 코순이 시계를 가져간 일은 학교 규칙을 위반한 것일까요? 양이는 말 그대로 '착각'을 했을 뿐이에요. '훔쳐 갈' 생각은 없었던 거예요. 양이가 규칙 제329조에 따라 벌점 부여 대상이 되려면 그 시계가 코순이의 것임을 '알고' 가져왔어야 해요. 자기 물건이 아니라 친구의 물건이라는 걸 제대로 알고 있었어야 한다는 거죠.

'훔쳐 간' 것이 아니니 규칙 제329조에 따른 벌점 부여 대상이 아니고, '실수로' 가져간 것에 대한 벌점 부여 규칙은 없으므로 양이한테 벌점을 부여할 수 없어요.

어린이 로스쿨

사실의 착오(고의)

양이가 착각으로 코순이의 시계를 가져간 일은 '착오'의 문제라고 해요. 그중에서도 **사실의 착오** 문제랍니다.

범죄가 성립하려면 '고의'가 있어야 한다고 배웠지요? '고의'란 건 사람 '마음'의 문제예요. 고의의 마음에는 '법에서 정한 요건'을 잘 알고 있어야 한다는 것이 포함돼요.

규칙 제329조에서 정한 벌점 부여 요건은 '다른 사람의 물건을 훔쳐 간 학생'이에요. 따라서 위반 행위의 '고의'가 인정되려면 자신이 가져간 물건이 '다른 사람'의 물건이라는 사실을 알고 있어야 하는 거예요.

그 물건이 다른 사람의 것이 아니고 내 것이라고 생각하고 가져간 행동은 규칙 제329조 위반이 아니에요.

숭이는 뽀삐한테 물린 손등이 다 나았는지 확인하러 병원에 가야 했어요. 학교를 마치고 나오는 길에 별이의 자전거가 눈에 띄었어요. 숭이는 병원까지 걸어가는 게 귀찮아서 별이의 자전거를 잠시 빌리기로 했어요. 나중에 도로 갖다 놓을 생각이었죠.

그런데 엄마가 숭이를 데리러 병원으로 오셨어요. 숭이는 병원 진료를 마치고 엄마 자동차를 타고 집으로 돌아갔어요. 그 바람에 별이는 자전거가 없어진 줄 알고 한참을 헤매야 했답니다.

숭이가 별이한테 말하지 않고 자전거를 가져간 건 잘못된 행동일까요? 그렇다면 벌점을 몇 점 받게 될까요?

왜 내 자전거를 마음대로 가져간 거야? 나한테 미리 말을 했어야지. 누가 훔쳐 간 줄 알았잖아. 말도 안 하고 빌려 가는 건 '훔친 거'랑 똑같은 거야.

숭이는 네 자전거를 훔치려고 그런 게 아니잖아. '고의'가 아니면 범죄로 볼 수 없어. 자기가 가질 생각으로 가져간 것도 아닌데 그걸 훔쳤다고 보고 벌점을 주는 건 잘못된 것 같은데?

하지만 빌려 쓴 다음에 별이에게 돌려주지 않았잖아? 병원에 그냥 두고 왔다는 거잖아?

자전거를 잠시 '빌려' 타려고 가져갔는데 엄마가 날 데리러 온 거야. 그래서 자전거를 병원 앞에 두고 올 수밖에 없었어. 자전거를 가지려던 고의가 있었던 건 아니야. '훔친 건' 아니라고.

말도 하지 않고 빌려 썼으면 다시 제자리에 갖다 놓았어야지! 자전거가 어디 있는지 몰라서 한참을 찾으러 다녔잖아? 내가 쓸 수도 없게 아무 데나 두고 온 게 잘한 일이라는 거야? 그게 훔친 거랑 뭐가 달라?

너는 어떻게 생각하니?

선생님 말씀

다른 사람의 물건을 빌려 쓰려고 가져갔다면 훔칠 '고의'가 있었던 것은 아니에요. 학교 규칙 제329조의 위반은 아닌 거예요. 물건 주인에게 말을 하지 않았더라도 말이에요.

하지만 빌려 쓴 물건을 제자리에 갖다 놓지 않았다면 얘기가 달라져요. 빌려 쓴다는 건 돌려주기로 하고 가져가는 것이니까요. 이렇게 되면 물건을 훔친 것과 같아요. 훔친다는 의미에는 친구에게 말하지 않은 채 빌려 쓴 후 제자리에 두지 않고 아무 데나 두는 것까지 포함되는 거예요. 그렇게 하면 친구가 자기 물건을 찾을 수도 없고, 쓸 수도 없게 되니까요.

다시 말해 자전거를 빌려 쓴 후 병원에 두고 온 승이의 행동은 별이의 자전거를 훔친 것과 다름없어요. 승이에게는 벌점 6점이 부여되어야 해요. 친구의 물건을 빌려 썼으면 바로 원상복귀시켜 놓아야 해요.

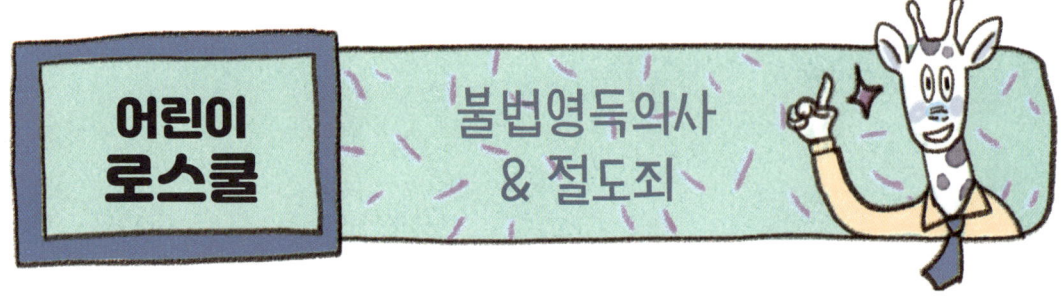

어린이 로스쿨
불법영득의사 & 절도죄

다른 사람의 물건을 훔치는 행위는 **절도죄**[8]로 처벌되어요. 그런데 훔쳤다고 하려면 **불법영득의사**란 것이 필요해요. 다른 사람의 물건을 '불법'으로 차지하여 얻겠다는 생각이 필요하다는 거죠.

불법영득의사란 물건 주인이 더 이상 그 물건을 쓸 수 없도록 하는 데 그치지 않고, 스스로 진짜 주인인 것처럼 행세하여 물건을 사용하려는 생각을 뜻해요.

이런 생각이 없었다면 **불법영득의사**라고 할 수 없어요. 또 내가 주인인 것처럼 쓰려고 했지만 물건의 주인이 쓰지 못 하게 할 생각은 없었다면 이 경우에도 **불법영득의사**를 인정할 수 없어요. 남의 물건을 빌려 쓰고 제자리에 돌려놓은 경우가 여기에 해당하는 거예요.

한 가지 더! 물건 주인이 그 물건을 쓸 수 없도록 하면서 나 역시 주인인 것처럼 쓸 생각이 없었다면, 다른 사람의 물건을 일부러 부수거나 숨겨서 못 쓰게 만드는 경우에 해당해요. 규칙 제366조 위반이랍니다.

남의 물건을 빌려 쓰고 제자리에 돌려놓지 않으면 **불법영득의사**의 두 가지 조건에 다 해당되겠지요? 자기가 물건의 주인인 것처럼 그 물건을 쓸 생각이 있었던 것이고, 물건의 진짜 주인이 더 이상 그 물건을 쓰지 못 하게 할 생각도 있었던 것이니까요.

그러니까 남의 물건을 빌려 쓰고 제자리에 돌려놓지 않고 아무 데나 두면 그 물건을 '불법'하게 '영득'하고자 한 것, 즉, '훔친 것'이 되는 거예요!

---

[8] **형법 제329조(절도)** 타인의 재물을 절취한 자는 6년 이하의 징역 또는 1천만 원 이하의 벌금에 처한다.

양이는 코순이의 시계를 잘못 가져갔던 날부터 자꾸만 시계 생각이 떠올랐어요. 분명 같은 시계인데 코순이 시계는 훨씬 새것처럼 보였어요. 양이는 시계를 바꿀 수 있다면 좋겠다는 생각이 들었어요.

며칠 뒤 양이는 코순이가 시계를 풀어서 책상 서랍에 넣는 걸 보게 되었어요. 체육 시간이 끝나고 교실에 돌아오니 아무도 없었어요. 양이는 자기도 모르게 코순이의 책상 서랍을 열어 보았어요.

서랍 속에 있는 시계를 보고 나서야 정신이 번쩍 들었지요.

양이는 얼른 서랍을 닫고 제자리로 돌아갔어요. 하지만 멀리서 그 모습을 본 친구들은 수군거렸어요.

 양이는 코순이 서랍을 열어 보기만 하고 시계를 훔치지는 않았어요. 그런데 이 일을 알게 된 친구들은 양이의 행동을 비난했어요.

 왜 남의 서랍을 열어 본 거야? 거기 있던 시계를 가져가려고 한 거지? 남의 물건을 가져가려고 책상 서랍을 열었으니까, 규칙 제329조를 위반하는 행동을 하려고 한 거네.

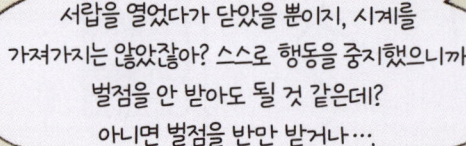 서랍을 열었다가 닫았을 뿐이지, 시계를 가져가지는 않았잖아? 스스로 행동을 중지했으니까 벌점을 안 받아도 될 것 같은데? 아니면 벌점을 반만 받거나···.

 '스스로' 중지했다고? 벌점 받는 게 두려워서 그런 거잖아. 그건 스스로 중지한 게 아니지. 벌점이 없었다면 내 시계를 훔쳐 갔을지도 모르잖아.

시계를 훔치지 않았는데도 학교 규칙을
어긴 걸로 보아야 할까요?
양이는 이 일로 벌점을 받아야 할까요?

벌점 제도 '때문에' 시계를
가져가려던 행동을 그만두었다는 거지?
그럼 '스스로' 그만둔 게 아닌 것 같기도 하고.

그래도 양이가 코순이 시계를 훔치는 걸
방해할 다른 사정이 있었던 건 아니잖아?
그런데도 양이가 행동을 중단했다는 건
'스스로' 중단한 거라고 볼 수 있지.

미안해. 친구의 물건을 훔치는 건
잘못된 행동이잖아? 그런 생각을 했다는 게 부끄러웠어.
나 자신한테 실망했고, 그런 후회와 반성이 밀려들면서
시계를 훔치려던 마음을 단념하게 된 거야.

선생님 말씀

규칙 위반 행동을 시작한 학생이 그로 인한 결과를 '스스로' 방지하도록 하기 위해서는 '보상'이 주어질 필요가 있어요. 그래서 규칙 위반 행동을 '스스로' 중단한 학생에게는 벌점을 부여하지 않거나 원래 벌점의 $\frac{1}{2}$만을 주어요.

'스스로' 중단한다는 건, 규칙 위반 행위를 완성하는 데에 방해되는 사정이 없어서 그 행위를 완성할 수 있었지만, 마음속에 있는 어떠한 원인으로 인하여 더 이상 그 행위를 하지 않고 중단하는 것을 의미해요.

양이의 경우는 어떨까요? 당시 교실에는 아무도 없었어요. 양이가 서랍을 연 후 그 시계를 가져가는 것에 대하여 어떤 장애물도 없었어요. 하지만 양이는 자신의 행동을 후회하고 반성하며 그 일을 그만두었어요. 훔치기 시작한 행동을 '스스로' 중단한 거죠. 그러니 양이는 벌점 6점 중 3점만 받거나 아예 벌점을 받지 않아야 해요.

어린이 로스쿨
중지미수

 범죄 행위를 시작했지만 그 행위를 끝내지 못하여 나쁜 결과가 발생하지 않은 경우를 '미수'라고 해요. 양이가 코순이의 시계를 훔치려다가 중단한 것처럼 말이에요.

 양이 사건은 미수 중에서도 **중지미수**[9] 문제에 해당해요. 범인이 시작한 행동을 '스스로 중지'하였다면 처벌을 줄여 주거나 면제해 주는 거예요. 이는 범인에게 범죄로부터 '후퇴하기 위한 황금 다리'를 놓아 주기 위한 거예요. 범죄의 완성을 스스로 방지하게 만드는 거지요.

 '스스로 중지'했다는 건 어떤 의미일까요? 무엇보다 자신의 자유로운 의사에 따랐다는 '자의성'이 인정되어야 해요. 따라서 **중지미수**란 사회관념상 범죄의 실행에 장애가 될 만한 사정은 없지만, 범인이 '자신의 자유로운 의사'에 따라 더 이상 실행에 나아가지 않고 중지하는 것을 뜻한답니다.

---

9) **형법 제26조(중지범)** 범인이 실행에 착수한 행위를 자의로 중지하거나 그 행위로 인한 결과의 발생을 자의로 방지한 경우에는 형을 감경하거나 면제한다.

숭이가 다시 병원에 가야 하는 날이 되었어요. 숭이는 선생님의 배려로 학교 셔틀버스를 타고 병원에 가게 되었어요.
　그런데 숭이가 앉으려던 자리에 만 원짜리 지폐 한 장이 있는 게 아니겠어요? 숭이는 신이 나서 그 돈을 자기 호주머니에 넣었어요. 사실 그 돈은 하하가 등교할 때 흘리고 간 것이었어요. 숭이는 그것도 모르고 기분이 좋기만 했어요.

 숭이는 버스에서 돈을 주워서 가졌어요. 이 일로 벌점을 받게 될까요?

물건을 보면 가지고 싶은 욕심이 생긴다더니…. 왜 자기 돈도 아니면서 가져간 거야? 규칙 제360조 위반이야.

하하가 실수로 흘리고 간 돈을 가져갔다는 거지? 별이 말이 맞아. 벌점 1점, 콩콩콩!

왜 벌점 1점이야? 규칙 제360조가 아니라 제329조 위반으로 벌점 6점을 받아야지!

물건을 '훔쳐' 간 거잖아?

아무리 그래도 훔쳐간 건 아니지. 하하가 흘리고 간 거잖아…. 난 누구 돈인지도 모르고 그냥 떨어져 있던 걸 주운 것뿐이라고.

선생님 말씀

다른 사람의 물건을 '훔친다'는 건 그 사람이 그 물건을 '가진 상태'라는 걸 전제로 해요. 다시 말해 '훔친다'는 건 다른 사람이 그 물건을 '가지고 있을 때' 자기가 가지기 위해 가져오는 걸 말해요.

잃어버린 물건은 더 이상 다른 사람이 '가지고 있는 상태'가 아니니까 그 물건을 가지는 걸 훔친 걸로 보기는 어려워요.

하지만 그 물건을 잃어버린 장소가 다른 누군가가 관리하는 곳이라면 얘기가 달라져요. 또 다른 누군가가 그 물건을 '가지고 있던' 것으로 볼 수 있다면, 그걸 가져오는 행동은 훔치는 것이 되는 거예요.

그렇다면 승이가 셔틀버스에서 돈을 주운 것은 훔친 일로 볼 수 있을까요? 셔틀버스는 많은 사람이 수시로 타고 내리는 장소예요. 기사님은 한자리에 앉아서 운전만 하고요. 따라서 기사님이 그 돈을 발견하지 못한 상태라면 그 돈은 기사님이 가지고 있는 상태라고 보기 어려울 것 같아요.

따라서 기사님이 돈을 발견하기 '전'에 그 돈을 가져갔다면 규칙 제360조 위반으로 벌점 1점이 부여될 거예요. 발견한 '후'에 가져간 것이라면 규칙 제329조 위반으로 벌점 6점이 부여되어야 하지요.

승이는 규칙 제360조 위반으로 벌점 1점을 받아야겠지요? 명심하세요. 누군가 잃어버리거나 흘리고 간 물건을 가져가는 것도 명백한 규칙 위반이고 벌점 부여 대상이라는 걸 말이에요.

어린이 로스쿨 — 점유 & 점유이탈물횡령죄

훔치는 행동을 다른 말로 '절취' 행위라고 해요. '절취'에는 두 가지 조건이 필요해요. 절취할 수 있는 물건은 '다른 사람의 것'이어야 하고, 그 사람이 '지배'하고 있는 것이어야 해요. '지배'란 '적극적으로 영향을 미치고 있다'라는 뜻이에요. 이를 점유라고도 불러요.

다른 사람이 자신의 물건에 적극적으로 영향을 미치고 있을 때 그 물건은 '절취'의 대상이 될 수 있어요. '절취' 행위를 하면 '절도죄'로 형사처벌을 받아요.

그러면, 다른 사람의 물건이지만 그 사람이 적극적으로 영향을 미치고 있지 않은 때 그걸 가져오는 것은 '절취' 행위가 아니니까 죄가 되지 않을까요? 물건을 자기도 모르게 흘리거나 잃어버린 경우를 예로 들 수 있을 거예요.

이런 경우를 점유이탈물횡령죄[10]라고 해요. 물건이 주인으로부터 떨어져서 벗어난 걸 가져온 경우에도 형사처벌을 받는 거예요.

다만 물건이 어디 있느냐에 따라서 물건 주인이 아닌 다른 사람이 적극적으로 영향을 미치는 '점유'가 있는 경우도 있어요. 작은 식당에서 손님이 물건을 흘리고 간 경우를 생각해 볼까요? 그 물건은 주인의 점유는 이탈했지만, 식당을 관리하는 식당 주인이 점유하고 있는 것으로 볼 수 있어요. 그걸 가져오면 점유이탈물횡령죄가 아니라 '절도죄'가 되는 거예요. 식당 주인의 점유를 빼앗는 것은 '훔치는 것'이니까요.

그런데 버스는 많은 사람들이 타고 내리고, 운전자는 그걸 일일이 확인할 수가 없어요. 버스 기사가 승객의 물건에 대해 적극적으로 영향을 미치고 있다고 보기는 힘든 거예요. 누군가 버스에 떨어뜨리고 간 물건은 버스 기사가 점유한다고 보기 힘든 거죠. 그래서 버스 기사가 그 물건을 확인하기 전에 가져왔다면 절도죄가 아니라 '점유이탈물횡령죄'가 된답니다.

---

10) **형법 제360조(점유이탈물횡령)** ① 유실물, 표류물 또는 타인의 점유를 이탈한 재물을 횡령한 자는 1년 이하의 징역이나 300만 원 이하의 벌금 또는 과료에 처한다.

[법학초등학교 규칙 제266조]
다른 사람의 몸을 실수로 다치게 한 학생에게는 벌점 0.5점을 부여한다.

    선선한 바람이 부는 날, 별이는 오랜만에 자전거를 타고 학원에 가기로 했어요. 자전거 전용도로를 달리는데 갑자기 승이가 횡단보도로 튀어나왔어요.
    그 바람에 별이는 승이를 치고 말았답니다. 승이는 다쳐서 병원에 가게 되었어요.

별이는 숭이를 다치게 한 일로 벌점을 받아야 할까요?

날도 어둑한데 갑자기 숭이가 튀어나왔어. 분명 자전거 신호등은 파란불이었는데….

횡단보도 표시가 있으면 속도를 줄이면서 주위를 잘 살폈어야지. 사람이 갑자기 어디서 튀어나올 줄 알고! 규칙 제266조에 따라서 벌점 0.5점을 받아야 해!

그래도 어린이보호구역도 아니었고… 휴…. 좀 더 속도를 줄일걸.

애걔, 벌점이 너무 적네.

선생님 말씀

자전거를 타는 사람은 다른 자전거나 사람과 부딪히지 않게 조심해서 운전해야 할 '주의의무'가 있어요. '주의의무'를 다하지 못한 '부주의'를 '실수'라고 해요. 부주의하게 자전거를 타면서 사람과 부딪쳐 그 사람을 다치게 했다면 '실수로' 사람을 다치게 한 것이에요.

하지만, 신호를 지키는 사람은 다른 사람들도 신호를 잘 지킬 것이라고 생각하는 걸로 충분해요. 다른 사람이 신호를 위반할 것까지 예측해야 할 '주의의무'는 없는 거예요.

따라서 별이는 신호에 따라 자전거를 움직이면 되는 것이지, 숭이 같은 무단횡단자가 있을 것까지 예측해서 피할 '주의의무'는 없어요. 그래서 신호를 잘 지킨 별이가 신호를 어긴 숭이를 친 것은 '주의의무' 위반, 즉 '실수'로 인한 것이 아니에요.

숭이가 다친 건 안타깝지만 별이가 규칙 제266조의 '실수'를 했다고 인정할 수는 없겠어요. 무단횡단은 절대 해선 안 돼요!

어린이 로스쿨 — 과실범 & 과실치상죄 & 신뢰의 원칙

　자전거를 운전할 때 기울여야 할 '주의의무'를 소홀히 하는 것을 '실수'라고 해요. '실수'를 다른 말로 '과실'이라고 불러요. '과실'로 법에서 정한 나쁜 결과를 발생시킨 사람은 과실범이라고 부른답니다.

　과실범은 법에서 처벌한다고 정해 놓아야 벌을 줄 수 있어요. 실수로 다른 사람에게 피해를 줬더라도 법에 나와 있지 않으면 처벌할 수 없어요.

　앞에서 숭이가 코순이의 시계를 실수로 부순 사건을 보았을 거예요. '과실'로 다른 사람의 물건을 부수거나 못 쓰게 만드는 행동은 형법에 처벌한다는 규정이 없어요. 하지만, '과실'로 '사람을 다치게' 한다면 과실치상죄[11]로 처벌한답니다.

　그런데 교통사고에서는 '과실'을 판단할 때 원칙이 하나 더 있어요. 교통 규칙을 잘 지키는 사람은 다른 사람들도 그럴 거라고 믿는 것으로 충분하다는 거예요. 교통 규칙을 위반하는 경우까지 예측해서 대응해야 할 주의의무는 없는 거예요.

　이것을 '믿음의 원칙', 즉 신뢰의 원칙이라고 해요. 자기만 규칙을 잘 지키면 되는 거예요. 만약 다른 사람이 규칙을 위반하여 사고가 났다면 규칙을 잘 지킨 사람에게는 그 사고에 대한 과실 책임을 물을 수 없어요.

---

11) **형법 제266조(과실치상)** ① 과실로 인하여 사람의 신체를 상해에 이르게 한 자는 500만 원 이하의 벌금, 구류 또는 과료에 처한다.

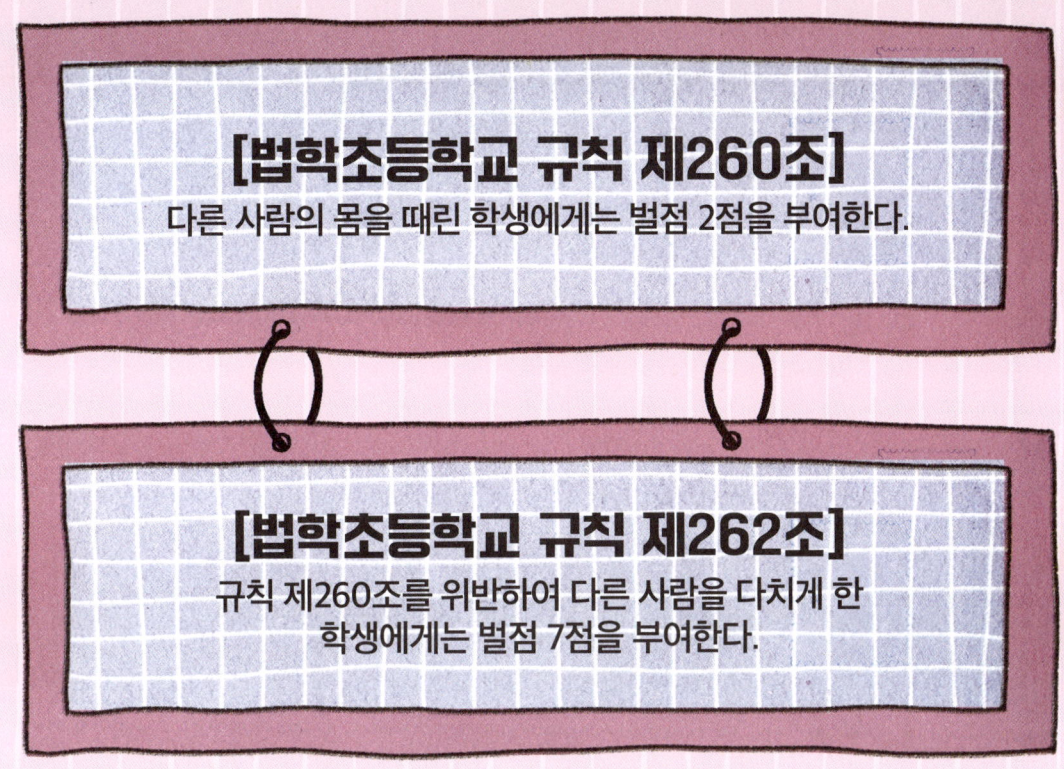

[법학초등학교 규칙 제260조]
다른 사람의 몸을 때린 학생에게는 벌점 2점을 부여한다.

[법학초등학교 규칙 제262조]
규칙 제260조를 위반하여 다른 사람을 다치게 한 학생에게는 벌점 7점을 부여한다.

법학초등학교 학생들은 미국으로 수학여행을 가게 되었어요. 뉴욕 맨해튼의 마천루 빌딩도 보고, 자유의 여신상도 보았지요. 무엇보다 친구들과 함께 추억을 쌓으며 즐거운 시간을 보냈어요. 하지만 며칠 동안 함께 시간을 보내다 보니 갈등이 생기기도 했어요.

숭이와 별이는 자전거 사건으로 다시 말다툼을 벌였어요. 숭이는 아직도 그 일을 생각하면 화가 난다고 말했고, 별이는 자기는 잘못한 게 없다고 맞섰어요. 양쪽은 팽팽하게 맞서다가 주먹다짐까지 하게 되었어요. 숭이는 싸움을 하다가 넘어져서 얼굴에 커다랗게 멍이 들기까지 했어요.

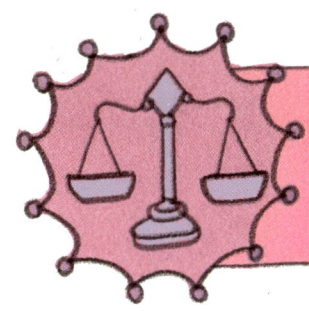

별이와 숭이가 싸움을 하다 숭이가 다쳤어요.
별이는 벌점을 받게 될까요?

자전거 사고는 미안해.
주먹다짐을 한 것도 사과할게. 하지만 네가
먼저 날 때렸잖아? 난 맞지 않으려고
방어를 했을 뿐이야.

먼저 널 때린 건 인정할게.
하지만 너도 날 계속 때렸잖아.

먼저 공격해 오는 숭이를 막기 위해서
어쩔 수 없이 주먹을 쓴 거라면 '정당방위'네.
별이는 벌점을 받지 않아도 될 것 같은데?

정당방위? 같이 때리는 게
'정당'하게 '방위'하는 거니?
그냥 둘이 치고받고 싸운 걸로 보일 뿐인데?

나보고 그냥 맞고만 있으라는 거야?
호텔 방 안이라서
어디 도망칠 데도 없었단 말이야.
어쩔 수 없는 일이었다고.

너는 어떻게 생각하니?

선생님 말씀

우리는 우리 몸의 안전을 위협하는 사람에 대해서 정당하게 방어행위를 할 수 있어요. 하지만 방어행위란 말 그대로 '방어하기 위한' 것이어야 해요. 그걸 넘어 '공격하기 위한' 것이 되면 방어행위로 볼 수 없어요.

함께 '싸운 것'은 방어하기 위한 것이 아니라 공격하기 위한 것이라고 여겨져요. 누가 먼저 시작했든지 말이에요.

별이가 숭이를 때린 것은 방어행위로 볼 수 없으므로 두 사람 모두 벌점을 받아야 해요.

어린이 로스쿨 — 정당방위

자신의 신체나 재산 등의 이익을 다른 사람들이 부당하게 침해하려고 한다면, 규칙을 위반해서라도 그걸 지켜야 할 때가 있을 거예요. 이때 **정당방위**[12]가 문제가 된답니다.

방위행위가 규칙을 위반하여 '위법'하더라도, 그것이 '정당한 방위'라면 위반의 '위법성'이 깨어지게 돼요. 이걸 위법성을 조각시킨다고 해서 '위법성조각사유'라고 불러요. 위법성이 조각되면 더 이상 위법하지 않게 되고, 그러면 처벌 대상도 되지 않는 거예요.

이러한 **정당방위**는 '방위하기 위한 마음'에서 비롯되어야 해요. '방위'가 아니라 '공격'하기 위한 마음에서 시작된 것이라면 **정당방위**가 아니고 위법성을 조각할 수 없는 거예요. 서로의 '공격의사'로부터 비롯된 싸움은 정당방위가 될 수 없답니다.

---

12) **형법 제21조(정당방위)** ① 현재의 부당한 침해로부터 자기 또는 타인의 법익을 방위하기 위하여 한 행위는 상당한 이유가 있는 경우에는 벌하지 아니한다.

정당방위가 아니라면 별이는 벌점 몇 점을 받아야 할까요?

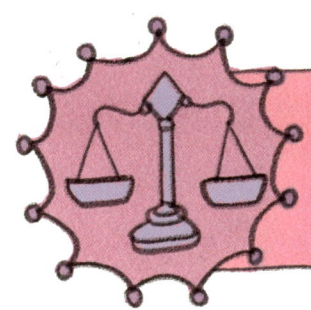

선생님 말씀 들었지? 별이 너는 벌점 7점이야! 어쩜 친구 얼굴을 저렇게 만들어 놓니? 같이 싸워 놓고 무슨 정당방위래.

왜 7점이야? 2점이지. 나는 숭이 얼굴을 때리지는 않았어. 숭이 혼자 넘어져서 저렇게 된 거라고.

네가 때리는 걸 피하다가 미끄러져서 넘어진 거잖아. 운 나쁘게 침대 모서리에 얼굴을 부딪혀서… 아직도 얼얼해.

얼굴의 멍은 별이가 때려서 생긴 게 아니라는 거지? 그럼, 네 얼굴의 멍은 별이 책임이 아니잖아?

선생님 말씀

친구를 때렸는데 내가 때린 것보다 심하게 다치는 결과가 발생할 수 있어요. 벌점이 낮은 행동을 했는데 그보다 높은 벌점을 받아야 하는 상황이 생기는 거예요.

그런 행동을 한 학생에게 높은 벌점을 부여하려면 그 행동과 나쁜 결과 사이에 '강한 연결 고리'가 인정되어야 해요. 나쁜 결과가 그 행동 자체나 그 행동을 피하려다가 발생했다면 강한 연결 고리로 인정할 수 있어요.

두 사람이 싸우던 중에 별이가 숭이를 때렸고 숭이는 그걸 피하다가 넘어져서 다치게 되었어요. 별이가 숭이를 때린 행동과 숭이가 다친 결과 사이에는 '강한 연결 고리'가 있는 거예요. 결국 별이는 숭이가 다친 것에 대해서도 책임을 져야 해요.

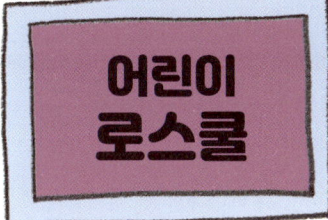 

결과적 가중범 & 폭행치상죄

　범죄를 저질렀는데 더 나쁘고 무거운 결과가 나오는 바람에 가중처벌받게 되는 경우를 **결과적 가중범**이라고 해요. 별이가 숭이 얼굴을 다치게 한 사건이 바로 **결과적 가중범** 사안이에요.

　결과적 가중범으로 처벌되기 위해서는 기본 범죄와 무거운 결과 사이에 강한 연결 고리, 인과관계가 있어야 해요. 그러려면 무거운 결과가 기본 범죄에 들어 있던 위험 때문에 일어난 것이어야 해요. 이걸 '직접성의 원칙'이라고 한답니다. 기본 범죄가 무거운 결과에 '직접적'으로 영향을 미쳐야 한다는 뜻이에요. 그 행위를 피하려다가 더 무거운 결과가 발생하는 경우도 직접성의 원칙에 든답니다.

　친구를 '폭행'하면 일단 '폭행죄'[13]고요, 그 친구가 폭행을 피하려다가 '상해'를 입었다면, 그 '상해'는 '폭행'에 내재된 위험 때문에 일어난 것으로 보게 돼요. '폭행죄'라는 기본 범죄와 '상해'라는 무거운 결과 사이에 인과관계가 인정되므로, 결국 **폭행치상죄**[14]라는 **결과적 가중범**으로 처벌할 수 있어요.

　별이는 규칙 제260조에 의한 벌점 2점이 아니라 제262조에 의한 벌점 7점을 받게 되겠네요.

---

13) **형법 제260조(폭행)** ① 사람의 신체에 대하여 폭행을 가한 자는 2년 이하의 징역, 500만 원 이하의 벌금, 구류 또는 과료에 처한다.
14) **형법 제262조(폭행치사상)** 폭행의 죄(제260조 등)를 지어 사람을 사망이나 상해에 이르게 한 경우에는 상해치사의 죄나 상해의 죄(제257조 등)의 예에 따른다.

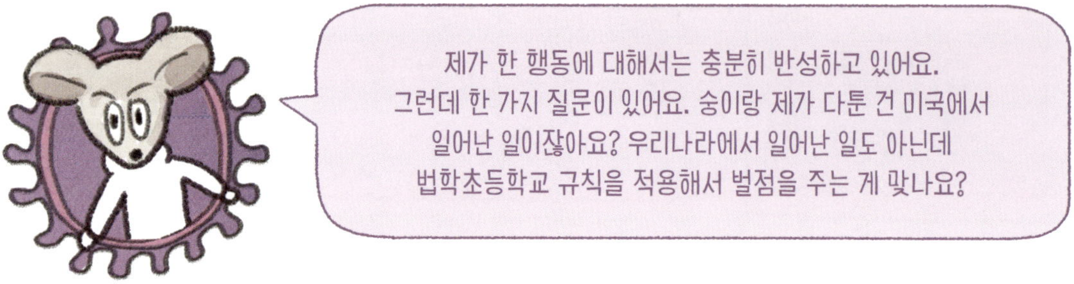

제가 한 행동에 대해서는 충분히 반성하고 있어요. 그런데 한 가지 질문이 있어요. 숭이랑 제가 다툰 건 미국에서 일어난 일이잖아요? 우리나라에서 일어난 일도 아닌데 법학초등학교 규칙을 적용해서 벌점을 주는 게 맞나요?

너희가 싸운 건 미국에서 벌어진 일이잖아? 이럴 때는 어떻게 해야 하지? 로마에 가면 로마법을 따르라는 말도 있던데….

별이 넌 대한민국 사람이잖아. 세계 어디에 있든 너한테는 대한민국 규칙이 적용되는 거 아닐까?

미국 땅에서는 미국 규칙만 효력이 있고 우리나라 땅에서는 우리나라 규칙만 효력이 있는 게 아닐까? 어떻게 우리나라 규칙이 미국에서도 효력이 있겠니?

우리나라 규칙은 당연히 우리나라 땅에서 영향력이 있고, 우리나라 학생들한테도 영향을 미치는 게 아닐까? 그러니까 우리가 외국에 나가더라도 우리나라 규칙을 적용받는 거고….

선생님 말씀

대한민국의 규칙은 원칙적으로 대한민국 땅에서 일어나는 모든 일에 적용돼요. 그리고 외국에 나가 있는 대한민국 학생에게도 대한민국 규칙이 적용된답니다.

다시 말해, 대한민국의 규칙은 대한민국 땅에서 규칙을 위반한 대한민국 학생과 외국 학생에 대해서, 그리고 외국 땅에서 규칙을 위반한 대한민국 학생에게 적용되는 거예요.

미국에서 규칙을 위반한 학생이 대한민국 학생이라면 그 학생은 여전히 대한민국 규칙에 의해 벌점을 부여받게 된답니다.

어린이 로스쿨

속지주의 & 속인주의

대한민국 형법은 '대한민국의 땅'에서 범죄를 저지른 '대한민국 국민'과 '외국인'에게 적용돼요. 이를 **속지주의의 원칙**[15]이라고 해요.

동시에 대한민국의 형법은 **속인주의의 원칙**[16]을 채택하고 있어요. '대한민국 사람'에게 속하는 원칙이라고 할 수 있어요. 대한민국 형법은 대한민국의 땅 밖, 그러니까 '외국'에서 범죄를 범한 '대한민국 국민'에게도 적용되는 거예요. 따라서 외국에서 범죄를 저지른 우리 국민에게도 우리 형법이 적용되는 거랍니다.

---

15) **형법 제2조(국내범)** 형법은 대한민국 영역 내에서 죄를 범한 내국인과 외국인에게 적용한다.
16) **형법 제3조(내국인의 국외범)** 형법은 대한민국 영역 외에서 죄를 범한 내국인에게 적용한다.

[법학초등학교 규칙 제319조]
이성 학생의 탈의실이나 화장실에 침입한
학생에게는 벌점 3점을 부여한다.

별이는 숭이랑 싸운 뒤 계속 기분이 처지고 답답한 마음이 들었어요. 몸을 쓰면 좀 나아질까 싶어서 농구 연습을 하러 학교 체육관으로 향했어요.

그런데 체육관 근처에서 코순이네 반려견 뽀삐를 만났어요. 나무에 묶여 있던 뽀삐는 별이를 향해 맹렬히 짖으며 달려들었어요. 그러다가 그만 줄이 끊어지고 말았어요. 별이는 깜짝 놀라 정신없이 도망쳤어요. 뽀삐가 바짝 쫓아오자 여학생 탈의실 문을 열고 들어가 가까스로 몸을 피했어요.

그때 옷을 갈아입고 나오던 코순이가 별이를 보고 비명을 질렀어요.

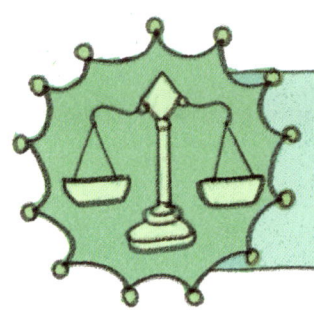 별이는 여학생 탈의실에 들어간 일로 벌점을 받게 될까요?

내가 옷을 갈아입던 중이었다면 어떻게 되었겠어? 정말 생각하기도 싫다! 남학생이 여학생 탈의실에 들어오다니…. 별이 넌, 무조건 벌점을 받아야 해.

안 그랬으면 뽀삐한테 물렸을걸? 이것저것 따질 때가 아니었다고.

'실수로' 들어간 게 아니란 거네. 분명히 일부러 들어갔다는 거지? 넌 지금 자백한 거야!

너는 어떻게 생각하니?

선생님 말씀

이번 사안은 정말 어쩔 수 없는 경우라는 것을 미리 말해 두어야 할 것 같아요. 자기 몸이 다치는 것을 막기 위해서 그런 선택을 한 것이니까요. 별이가 여학생 탈의실에 숨지 않았다면 다칠 수밖에 없었을 거예요.

여학생 탈의실에 일부러 들어가서 규칙 제319조를 위반했지만 그 행위에 대해 벌점을 줄 수는 없겠어요. 단, 이런 일이 언제나 허용되는 게 아니라는 점은 꼭 명심하세요.

어린이 로스쿨

긴급피난 & 주거침입죄

다른 사람이 평온하게 사용하고 있는 어떤 장소를 그 사람이 원하지 않는데도 들어가면 **주거침입죄**[17]로 처벌받아요. 하지만 별이는 개한테 물리지 않기 위해서 어쩔 수 없이 여학생 탈의실에 들어갔어요.

앞에서 살펴본 '정당방위'가 기억나나요? 이번 사건 역시 정당방위에서 살펴보았던 '위법성조각사유'의 문제라고 할 수 있어요. 그중에서도 **긴급피난**[18] 문제랍니다. 자신에게 닥친 위험을 피하기 위해 '긴급'하게 '피난'할 수 있다는 거예요.

'긴급피난'도 '정당방위'와 마찬가지로 '피하기 위한 마음'에서 비롯되어야 해요. 단, 그 '피난' 행위가 위험을 피하기 위한 '마지막' 방법이어야 해요. 이걸 '최후수단성'이라고 해요. 위험을 피하기 위한 '피난' 행위가 마지막 남은 수단이었다면, 그 규칙 위반의 위법성은 조각되고 따라서 처벌할 수 없게 된답니다.

---

17) **형법 제319조(주거침입)** ① 사람의 주거, 관리하는 건조물, 선박이나 항공기 또는 점유하는 방실에 침입한 자는 3년 이하의 징역 또는 500만 원 이하의 벌금에 처한다.
18) **형법 제22조(긴급피난)** ① 자기 또는 타인의 법익에 대한 현재의 위난을 피하기 위한 행위는 상당한 이유가 있는 때에는 벌하지 아니한다.

[법학초등학교 규칙 제314조]
거짓 사실을 알리는 등으로 선생님의 착각을 이용하여
선생님의 업무를 방해한 학생에게는 벌점 5점을 부여한다.

[법학초등학교 규칙 제30조]
두 명 이상이 '공동으로' 규칙을 위반하면 각자에게
그 위반된 규칙의 벌점을 부여한다.

[법학초등학교 규칙 제32조]
다른 사람의 규칙 위반을 '도와준' 학생에게는
그 위반된 규칙의 벌점 $\frac{1}{2}$을 부여한다.

선생님들이 화장실 앞 복도에서 학업성취도 평가에 제출될 문제에 대해 소곤소곤 대화를 나누었어요. 아무도 듣지 않는 줄 알고 말이죠.
　화장실에서 손을 씻고 있던 양이는 우연히 그 이야기를 들었어요. 그래서 미리 답을 외워 평가 때 제출했어요.
　양이는 백 점을 맞았지만 왠지 마음에 걸렸어요. 그래서 그 일을 친구들한테 털어놓았답니다.

선생님 말씀

어떤 행동에 대해 벌점을 주어야 한다고 '비난'하려면, 학생이 규칙을 지킬 수 있는 상황이었을지 먼저 판단해 보아야 해요. 규칙을 지킬 것을 '기대'할 수 없는 상황이었다면, 규칙을 위반했다고 비난하거나 벌점으로 '책임'을 물을 수 없어요.

이러한 판단은 '보통의 평범한 학생'의 관점에서 생각해 보아야 해요. 보통의 평범한 학생이라면 당시에 규칙을 지킬 수 있었을까 하고 말이죠.

학업성취도 평가에 출제될 문제를 우연히 알게 된 보통의 평범한 학생이라면 어떻게 행동했을까요? 대부분 그 답을 써내지 않았을까요?

결국 양이의 행동에 대해서는 벌점이 부여되어야 한다고 비난할 수도, 벌점을 부여할 수도 없는 거랍니다.

어린이 로스쿨

기대가능성

　법적 '책임'은 그 행위에 대해 '비난가능성'이 있는 사람에게만 인정되는 거예요. 법을 지킬 것을 '기대'할 수 없는 사정이 있다면, 법을 위반한 행위를 '비난'할 수도, 법적 '책임'을 물을 수도 없어요. 이를 **기대가능성**의 문제라고 해요.

　기대가능성은 '평균인'을 기준으로 판단한답니다. 말 그대로 사회적으로 평균적인 사람을 기준으로 삼는 거예요. 그 행동을 한 상황에 그 사람 대신 '평균인'을 두고 법을 잘 지킬 것을 기대할 수 있었을까 생각해 보는 거죠. 평균인 역시 법을 잘 지킬 것을 기대할 수 없는 상황이라고 판단된다면, 법을 위반한 사람에게도 법을 지킬 것을 기대할 수 없고, 법을 위반하였다는 이유로 처벌하지 않아요.

　법을 지킬 것을 기대할 수 없는 상황에서 법을 지키지 못한 사람에 대해 법적 '책임'을 물을 정도로 '비난'할 수는 없는 거예요.

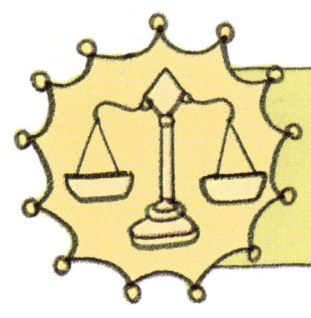

코순이와 숭이는 벌점을 받아야 할까요?
그렇다면 각각 몇 점을 받게 될까요?

코순이는 숭이와 잘 지내보아야겠다고 생각했어요. 이제까지 숭이를 너무 몰아붙였다는 생각이 들었거든요.

그러다가 숭이가 학업성취도 평가를 걱정하는 걸 알게 되었어요. 코순이는 숭이한테 자기 답안지를 보여 주겠다고 약속했어요.

숭이는 코순이가 보여 준 답안지를 베껴 써서 높은 점수를 받았어요. 하지만 선생님은 두 사람의 답지가 똑같다는 걸 금방 알아차렸어요.

이건 양이 문제랑 좀 다른 것 같아. 보통의 평균적인 학생이라면 그렇게 커닝을 안 할 테니까 말이야. 학교 규칙을 위반하지 않을 것으로 충분히 기대할 수 있는 상황이었잖아?

난 코순이가 보여 주겠다고 해서 본 것 뿐이야.

우연히 보게 된 건 아니잖아? 서로 미리 약속했지? 확실히 고의적인걸.

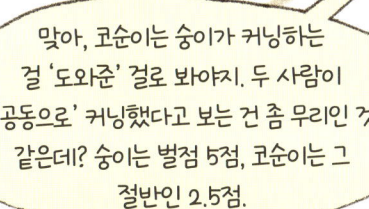

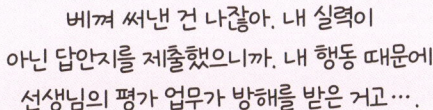

그래, 코순이랑 숭이 둘 다 규칙 제314조 위반으로 벌점 5점씩이야.

무슨 소리야. 커닝은 숭이가 한 거잖아? 난 그냥 보여 주기만 했다고~. 답안지를 살짝 옆으로 밀었을 뿐이야.

맞아, 코순이는 숭이가 커닝하는 걸 '도와준' 걸로 봐야지. 두 사람이 '공동으로' 커닝했다고 보는 건 좀 무리인 것 같은데? 숭이는 벌점 5점, 코순이는 그 절반인 2.5점.

아니지, 코순이가 먼저 숭이한테 답안지를 보여 주겠다고 약속했다면서? 그러고 나서 약속대로 답안지를 보여 준 거고. '공동으로' 선생님의 공정해야 할 평가 업무를 방해한 거야!

베껴 써낸 건 나잖아. 내 실력이 아닌 답안지를 제출했으니까. 내 행동 때문에 선생님의 평가 업무가 방해를 받은 거고….

선생님 말씀

    미리 계획을 짜고 그 계획에 따라 각자 맡은 역할을 실행해서 규칙을 위반한 결과가 발생했다면, 학생들은 자기가 맡은 부분에 대해서만 책임을 져야 할까요, 아니면 전부 책임을 져야 할까요?

    그것은 '공동으로' 규칙을 위반한 것이에요. 계획에 가담한 학생 모두 규칙 위반에 대해 책임을 져야 해요. 각자 실행한 역할은 일부분이지만 나쁜 결과가 발생하는 데 없어서는 안 될 일을 각각 한 것이니까요. 마치 한 명은 오른손 역할을, 다른 한 명은 왼손 역할을 한 거나 마찬가지예요.

    코순이는 숭이에게 자기 답안지를 보여 주겠다고 '약속'했고, 숭이는 여기에 동의했어요. 이 약속은 선생님의 착각을 이용해서 평가 업무를 방해하자고 미리 계획한 것이나 마찬가지예요.

    코순이는 답안지를 옆으로 살짝 밀어서 숭이가 볼 수 있게 하였고, 숭이는 그걸 베껴서 제출했어요. 이렇게 두 사람의 행동이 합쳐져서 선생님의 평가 업무를 방해하는 결과를 낳은 것이에요.

    코순이와 숭이는 '공동으로' 규칙 제314조를 위반했어요. 각자 벌점 5점을 받아야 해요.

어린이 로스쿨

공동정범 & 종범 & 업무방해죄

공동정범[19]이라는 말이 있어요. '공동으로' 범죄를 저지르기로 계획한 후 그것을 실행했다면, 나쁜 결과에 대해서 '전체'의 책임을 져야 한다는 거예요. 비록 일부분만 실행했다고 하더라도 말이에요.

이것을 '일부 실행 전부 책임'의 원칙이라고 해요. 미리 합의한 계획에 따라 분업 행위를 하였고, 그것이 범죄 결과 발생에 필수적이고 본질적인 역할을 하였기 때문이에요. 어려운 말로 '기능적 행위지배'라고도 부른답니다. 분업하여 필수적인 일을 실행함으로써 공동 작업으로 범죄의 결과를 발생시켰다는 의미예요.

코순이는 단순히 숭이를 도와준 게 아니에요.(단순히 도와준 행위는 '방조범' 또는 **종범**[20]이라고 해요. 이 경우에는 범죄 가담 정도가 상대적으로 적기 때문에 $\frac{1}{2}$로 줄어든 처벌을 받게 돼요.) 코순이는 먼저 답안지를 보여 주겠다고 제안을 하고 약속을 했어요. 그리고 그 약속에 따라 자신에게 주어진 중요한 역할을 했어요. 선생님의 평가 업무가 방해받는 데 없어서는 안 될 역할을 한 거예요.

코순이와 숭이는 '공동으로' 규칙을 위반할 것을 약속했고, 그에 따라 '공동으로' 규칙을 위반했어요. 두 사람은 선생님의 업무를 방해한 **업무방해죄**[21]의 공동정범이에요. 따라서 숭이는 물론이고 코순이도 선생님의 업무를 방해한 결과 '전체'에 대해 책임을 져야 해요.

---

19) **형법 제30조(공동정범)** 2인 이상이 공동하여 죄를 범한 때에는 각자를 그 죄의 정범으로 처벌한다.
20) **형법 제32조(종범)** ① 타인의 범죄를 방조한 자는 종범으로 처벌한다. ② 종범의 형은 정범의 형보다 감경한다.
21) **형법 제314조(업무방해)** ① 허위의 사실을 유포하거나 위계 또는 위력으로써 사람의 업무를 방해한 자는 5년 이하의 징역 또는 1천500만 원 이하의 벌금에 처한다.

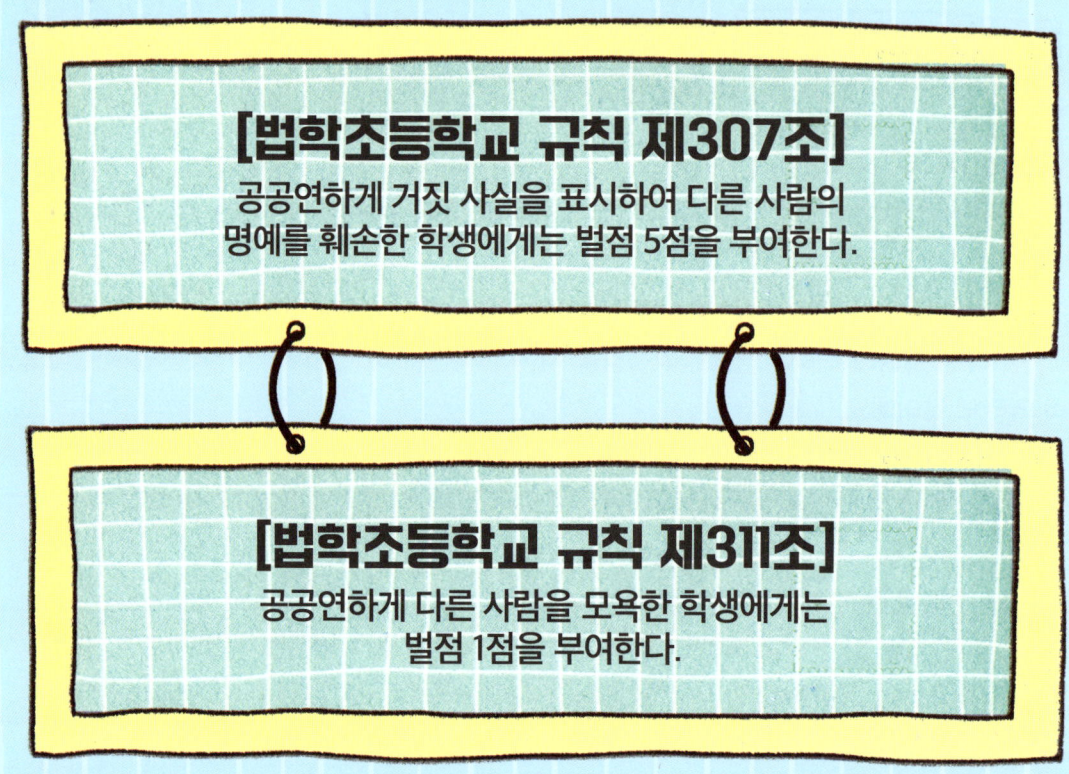

[법학초등학교 규칙 제307조]
공공연하게 거짓 사실을 표시하여 다른 사람의 명예를 훼손한 학생에게는 벌점 5점을 부여한다.

[법학초등학교 규칙 제311조]
공공연하게 다른 사람을 모욕한 학생에게는 벌점 1점을 부여한다.

　숭이는 여전히 별이를 볼 때마다 마음이 껄끄러웠어요. 자기는 자전거를 잠깐 빌려 타고 벌점을 받았지만 별이는 자전거로 자기를 다치게 하고도 벌점을 받지 않았으니까요. 주먹다짐을 한 뒤에는 더 억울한 마음이 들었고요.

　숭이는 별이를 골탕 먹일 기회를 노렸어요. 별이가 여학생 탈의실에 들어간 사건으로 단단히 창피를 줘야겠다고 생각했어요.

　별이가 다른 때보다 조금 늦게 등교를 한 날이었어요. 별이가 교실에 들어서자마자 숭이가 욕설을 섞어서 "변태래요, 변태~."라고 큰 소리로 외치기 시작했어요. 반 친구들이 웃으면서 따라 했어요. 별이는 얼굴이 빨개졌어요.

코순이는 양이가 늘 자기 편을 들어주지 않고, 같이 놀면서도 혼자만 시험을 잘 보는 게 싫었어요. 이번 학업성취도 평가에서도 양이만 백 점을 맞았어요.

코순이는 숭이에게 휴대폰 메시지로 '어제 양이가 내 손목시계를 훔치려다가 나한테 딱 걸렸어.'라고 써 보냈어요.

거짓말은 금방 들통이 났지요. 숭이는 양이한테 직접 물어보기로 했어요. 양이는 무척 황당했어요.

 숭이와 코순이는 벌점을 받아야 할까요?
그렇다면 각각 몇 점을 받아야 할까요?

 숭이 넌 '공공연하게', 그러니까 반 친구들이 모두 보는 앞에서 나를 모욕했어. 명백하게 규칙 제311조 위반이야!

 미안…. 왜 매번 저지르고 나서 후회하는지….

선생님 말씀

규칙 제307조와 제311조에서 '공공연하게'라는 의미는 '많은 사람들이 알 수 있는 상태'를 말해요. 그런 상태로 거짓 사실을 표시해서 다른 사람의 명예를 훼손하면 규칙 제307조 위반이고, 다른 사람을 모욕하면 제311조 위반이 되는 거죠.

그렇다면 '많은 사람들이 알 수 있는 상태'는 어떤 걸 말하는 걸까요? 그건 '제3자에게 전달할 가능성'이 있느냐의 여부로 판단한답니다. 단 한 사람 앞에서만 다른 사람에 대해 거짓 사실을 표시하여 명예를 훼손하거나 그 사람을 모욕하더라도, 그 얘기를 들은 사람이 제3자에게 그 얘기를 '전달할 가능성'이 있다면, '많은 사람들이 알 수 있는 상태'에 있다고 보는 거예요.

예를 들어 볼게요. 멍이와 토순이가 단둘이 있는 화장실에서 바람이 욕을 했어요. 멍이는 토순이에게만 바람이 욕을 한 거예요. 이때 멍이는 '공공연하게' 바람이를 모욕한 걸까요? 맞아요. 토순이는 그 욕을 다른 친구들에게 언제든지 퍼뜨릴 수 있었거든요.

이런 식으로 따지면 전부 '공공연한 것'이 아닌가 하는 의문이 생길 수도 있을 거예요. 꼭 그런 건 아닙니다. 이런 경우를 생각해 볼까요? 멍이가 바람이의 동생, 또각이에게 바람이 욕을 했어요. 또각이는 자신의 언니에 대한 욕을 다른 친구들에게 전달할 가능성이 있을까요? 그렇지는 않을 거예요. 이때에는 멍이가 '공공연하게' 바람이 욕을 한 게 아니게 되는 거예요.

숭이는 반 친구들 앞에서 별이 욕을 했으니 '공공연하게' 별이를 모욕한 거예요. 그러니 규칙 제311조에 따라 벌점을 받아야 해요. 코순이는 숭이한테만 양이에 대한 거짓 사실을 표시하여 양이의 명예를 훼손했어요. 숭이는 언제든 그 거짓을 다른 친구에게 전달할 가능성이 있기 때문에 코순이 역시 '공공연하게' 양이의 명예를 훼손한 게 되는 겁니다. 코순이는 규칙 제307조에 따라 벌점을 받게 될 거예요.

단 한 사람에게라도 누군가에 대한 욕을 하거나 거짓 사실을 얘기해서는 안 된다는 것, 잘 알겠지요?

어린이 로스쿨

명예훼손죄 & 모욕죄

거짓 사실을 표시해서 다른 사람의 명예를 훼손하면 명예훼손죄[22]로, 다른 사람을 모욕하면 모욕죄[23]로 처벌되어요. '명예를 훼손'한다는 건 거짓 사실을 표시해서 그 사람에 대한 사회적 평가를 낮추는 것을 말하고, '모욕'한다는 건 그 사람의 인격을 경멸하는 욕설이나 감정적 판단을 표시하는 것을 말해요.

두 죄가 성립하려면 그 행위가 모두 '공공연하게' 이루어져야 해요. 이것을 '공연성'이라고 해요. 숨김없이 명백하게 드러내 '불특정 다수인이 알 수 있는 상태'에 둔다는 거예요.

'불특정 다수인이 알 수 있는 상태'란 '전파 가능성'을 기준으로 판단해요. '전파'될 '가능성'이 있으면 '불특정 다수인이 알 수 있는 상태'이고, '전파'될 '가능성'이 없으면 '불특정 다수인이 알 수 있는 상태'가 아닌 거예요. 그러니까 말을 듣는 사람이 그 말을 '전파'할 '가능성'만 있어도 '불특정 다수인이 알 수 있는 상태', 즉 '공연성'이 인정되는 거예요.

숭이가 반 친구들 앞에서 별이의 인격을 경멸하는 욕설을 한 것은 '공연'하게 별이를 모욕한 것이에요. 그럼 코순이가 숭이에게 비공개 메시지로 양이의 명예를 훼손한 행위는 '공연성'이 있을까요? 숭이가 거짓 사실을 다른 사람한테 전달할 가능성이 있으므로 코순이는 '공연히' 양이의 명예를 훼손한 것이 된답니다. 세상에 비밀 대화라는 건 찾기 어려운 법이랍니다.

---

22) **형법 제307조(명예훼손)** ① 공연히 사실을 적시하여 사람의 명예를 훼손한 자는 2년 이하의 징역이나 금고 또는 500만 원 이하의 벌금에 처한다. ② 공연히 허위의 사실을 적시하여 사람의 명예를 훼손한 자는 5년 이하의 징역, 10년 이하의 자격정지 또는 1천만 원 이하의 벌금에 처한다.

23) **형법 제311조(모욕)** 공연히 사람을 모욕한 자는 1년 이하의 징역이나 금고 또는 200만 원 이하의 벌금에 처한다.

어린이 로스쿨 ❶
법학 교수가 들려주는 형법과 똑똑한 학교생활

글 류동훈 · 그림 김소희

1판 1쇄 펴낸날 2024년 12월 25일 | **펴낸이** 이충호 **펴낸곳** 길벗어린이㈜ | **등록번호** 제10-1227호
등록일자 1995년 11월 6일 | **주소** 03986 서울특별시 마포구 월드컵북로8길 25, 3층 | **대표전화** 02-6353-3700
팩스 02-6353-3702 | **홈페이지** www.gilbutkid.co.kr | **편집** 송지현 이미정 임하나 황설경 박소현 김지원 | **디자인** 여YEO디자인 김연수 송윤정
마케팅 호종민 신윤아 이가윤 최윤경 김연서 강경선 | **경영지원본부** 이현성 김혜윤 전예은 | **제조국명** 대한민국
ISBN 978-89-5582-783-5, 73360

글 ⓒ 류동훈 2024
그림 ⓒ 김소희 2024

이 책은 저작권법에 따라 보호 받는 저작물이므로 저작권자와 길벗어린이㈜의 허락 없이는 이 책의 내용을 쓸 수 없습니다.

찾아보기

ㄱ
- 개성 공단 ······································ 90~91
- 고급중학교 ······································ 14, 19
- 공민증 ··· 43
- 광명성절 ······································ 61, 63
- 궤도 전차 ··· 50
- 김일성-김정일주의 청년 동맹 ······ 18, 69~70

ㄷ
- 독재 정치 ··· 62

ㅁ
- 명태식해 ·· 47
- 무궤도 전차 ······································ 50

ㅅ
- 사상 검토 ··· 69
- 사회주의 계획 경제 ··························· 84
- 생활 총화 ····································· 67~69
- 소조 활동 ····································· 20~21
- 소학교 ··· 14, 19
- 속도전떡 ·· 46
- 손전화기 ···································· 104~105
- 수상제 ··· 62
- 신탁 통치 ····································· 74~75
- 써비차 ·· 50~51

ㅇ
- 아리랑 집단 체조 ······························· 96
- 업간체조 ·· 15
- 우상화 교육 ······································ 19

ㅈ
- 자본주의 시장 경제 ··························· 84
- 장마당 ·· 85~88
- 장마당 세대 ······································ 87
- 전승 기념일 ······································ 64
- 조선 노동당 ······································ 66
- 조선 농업 근로자 동맹 ························ 71
- 조선 사회주의 여성 동맹 ···················· 71
- 조선 소년단 ································· 17~18
- 조선 직업 총동맹 ······························· 70
- 주문 봉사 ···································· 54~55
- 주석제 ··· 62
- 주체사상 ·· 67

ㅊ
- 천리마 운동 ······································ 82
- 초급중학교 ···································· 14, 19
- 최고인민회의 ····································· 62

ㅌ
- 태양절 ·· 59, 63
- 토끼 소조 ···································· 21~22

지요. 무엇보다도 분단 상황에서 남북이 각자 지출하고 있는 어마어마한 군사 비용을 줄일 수 있으므로 강대국으로 가는 길이 더 빨라질 수 있을 거예요.

최근 남북 관계가 좋아지면서 교류에 대한 기대도 부풀고 있어요. 통일에 한 걸음 더 다가간 느낌이지요. 지금부터라도 지속적인 교류를 통해 서로의 신뢰를 두텁게 쌓아 가고, 상대의 의견을 존중하며 대화해 나가면 좋은 소식이 있을 거라 생각해요.

남한과 북한이 계속해서 교류하다 보면 개성 공단도 다시 운영되고, 새로운 경제 개발 정책도 실현될 수 있을 거예요. 서울에서 양강도의 들쭉 상품을 맛보고, 양강도에서 한국의 블루베리를 맛보면서 소소한 이야기를 나누며 웃고 떠들며 행복을 느낄 수 있는 그런 환경을 우리 모두의 힘으로 만들어 봐요. 혼자의 노력보다 우리 모두가 노력할 때 거대한 역사를 만들 수 있을 거예요.

지은이 강미진

한에는 땅 위에도, 땅 밑에도 많은 자원이 있어요. 기술이 부족하여 사용하지 못하는 귀한 자원들도 많고요. 특히 땅속에 묻혀 있는 철, 석탄, 석유와 같은 지하자원을 비롯하여 경제적으로도 유리한 조건을 가지고 있지요. 따라서 통일을 통해 남과 북이 함께한다면 한반도가 더 부유해지고 강해질 수 있을 거예요.

많은 사람들이 북한은 헐벗은 산만 있다고 잘못 알고 있는데요, 북한에도 천연 수림을 그대로 가지고 있는 곳이 많아요. 그런 곳에는 자연산 약초와 열매도 가득하지요. 개발이 많이 이루어지지 않아 생태계가 건강하게 돌아가고 있어요.

제가 살던 양강도에는 산천어가 많아요. 큰 것은 명태만큼 자라기도 해요. 한국에서 흔치 않은 자연산 더덕도 북한에는 매우 많지요. 모든 것을 설명할 순 없지만, 하루빨리 통일이 되어 자연에서 나는 많은 것을 함께 나눌 수 있었으면 좋겠네요.

북한에 어서 가 보고 싶어!

통일은 남북한 모두에게 생명수라고 말하고 싶어요. 통일이 되면 한반도 경제는 현재보다 훨씬 좋아질 것이고, 국민들의 삶도 나아질 거예요. 특히 힘이 약한 작은 나라라는 오랜 설움을 떨쳐 버릴 수도 있

남북한이 서로에게 가까이 가려고 노력하고 있어요. 이 점에서 향후 한반도의 분위기는 점점 좋아질 것이라고 기대하고 있어요.

한반도에는 수많은 이산가족들이 살고 있습니다. 1세대들은 살아 있는 동안에 통일을 볼 수 없음에 가슴 먹먹한 시간들을 보내고 있지요. 2, 3세대들도 부모의 아픔을 보면서 통일을 간절히 바라고 있지요. 파주 도라산 전망대 등지에서는 명절 때마다 통일을 바라는 마음을 담은 행사가 열려요. 눈에 보이지 않는 다른 나라들은 언제든지 갈 수 있는데, 눈앞에 두고도 갈 수 없는 고향을 바라보는 분단 세대들의 아픔은 언제쯤 아물 수 있을까요.

우리나라에 살고 있는 탈북민은 3만여 명입니다. 저도 북한이 고향인 탈북민 중 한 사람이지요. 어떤 때는 명절만 되면 마음이 너무 울적해져서 차라리 명절이 없었으면 좋겠다고 생각한 적도 있어요. 수많은 이산가족과 탈북민의 아픔이 치유되고, 더 나아가 한반도의 끊어졌던 허리에 금이 없어지는 날! 그날을 희망이 아닌 현실로 받아들이게 되는 날이 어서 오길 바랍니다.

물론 통일은 단지 고향을 그리는 이들의 아픔을 치유해 주기 위한 것만은 아닙니다. 통일은 한반도가 강해지는 지름길이기도 해요. 북

글을 마치며

통일을 해야 하는 이유

여러분은 남한과 북한이 왜 통일을 해야 한다고 생각하나요? 통일은 우리 민족이 잘살 수 있는 길이에요. 한반도가 수십 년 넘게 두 동강 났던 아픔을 치유하는 출발점이기도 하지요. 통일은 남북한이 서로에게 총구를 겨누고 경계를 하던 분단선을 없애고 쌓여 있던 아픔을 해결하는 것이에요.

우리 민족은 분단으로 인해 문화도, 생활 방식도 서로 달라지고 있어요. 특히 정치적 견해가 달라서 같은 한민족임에도 서로에게 적대감을 가지거나 무관심해졌지요. 그렇게 서로 다른 길을 걷게 되면서 남한은 완전한 자본주의 국가로, 북한은 공산주의 국가로 서로가 반대의 길을 가게 된 것입니다.

이로 인해 남북한은 여러 면에서 매우 다른 모습을 보이고 있어요. 서양 문화가 많이 들어온 한국과 달리, 북한은 폐쇄적인 정책을 펼치면서 우리 것이긴 하나 발전이 없는 제자리걸음을 걷고 있었던 거예요.

다행히 최근에는 남북한 사이에 화해의 분위기가 만들어지면서

묘향산 평안북도에 있는 1,909미터의 산으로, '묘향'은 신비롭고 묘한 향기가 난다는 뜻이에요. 1042년 고려 시절에 세워진 절 보현사로 유명해요. 불교 관련 문화재를 모아 놓은 불교 역사 박물관, 세계 각국으로부터 받은 선물을 전시한 국제 친선 전람관이 있어 많은 관광객이 찾는 곳이랍니다.

국제 친선 전람관

구월산 황해도에 있는 954미터의 산으로, 풍화 작용으로 인해 기이하게 깎여진 바위와 절벽이 많이 있어요. 이곳에는 단군이 평양을 고조선의 수도로 삼은 뒤 구월산으로 들어가 신이 되었다는 설화가 전해 내려오고 있으며, 단군과 관련된 유적지가 많이 있어요. 또한 조선 시대의 이름난 도적 임꺽정이 머물렀던 곳으로도 유명해요.

칠보산 함경북도에 있는 산으로, 높이 906미터예요. 9세기에 세운 절 개심사가 있고, 질 좋은 자연산 송이버섯이 많이 나는 곳으로 유명해요. 2018년에 김정은 위원장이 우리나라에 보내온 송이버섯도 칠보산 것이라고 해요.

문화 107

더 알아보기
북한의 명산 Top 5

북한에는 자연의 모습을 고스란히 간직하고 있는 곳이 매우 많아요. 북한의 5대 명산 역시 여전히 초록빛을 지니고 있지요.

백두산 한반도에서 가장 높은 산으로 2,750미터예요. 백두산에서 뻗어 나온 산줄기는 지리산까지 연결돼 있어요. 백두산 정상에는 천지라는 호수가 있어요. 화산이 분출되고 함몰된 곳에 물이 고여 생겼지요. 백두산 천지는 세계에서 가장 높은 화산 호수랍니다. 백두산은 중국과의 국경선 사이에 끼어 있기 때문에, 중국 쪽에서도 백두산에 오를 수 있답니다.

금강산 강원도에 있는 산으로, 최고봉의 높이는 1,638미터예요. 옛날부터 금강산은 아름답기로 유명하여 문학 작품이나 그림 속에 자주 등장했지요. 우리나라에서는 1998년부터 금강산 관광을 시작했으나, 안타깝게도 2008년에 우리나라의 한 관광객이 북한군의 총에 맞아 사망하는 사건이 발생한 뒤부터 중단되었어요.

하고 있는 셈이에요. 몇 년 전까지만 해도 손전화기는 부자들만 쓴다고 생각했는데, 현재는 가입자 수가 크게 늘어났답니다.

북한에서 만든 스마트폰 진달래3

스마트폰은 지능형 손전화기라고 불러요. 북한의 지능형 손전화기 제품은 대부분 북한에서 자체적으로 생산한 것으로 아리랑, 평양, 진달래가 대표적이에요. 제일 먼저 만들어진 아리랑은 2013년부터 시장에 본격적으로 출시되었답니다.

북한 사람들이 사용하는 앱 중에는 게임이 70퍼센트예요. 나머지는 주로 학습과 관련된 것이 많지요. 과학 기술 도서 열람과 영어 사전, 한자 공부, 교과서 등 다양한 교육 자료를 볼 수 있어요.

북한에서는 자기 스마트폰에 앱을 직접 다운로드 받지 못해요. 매장에 가서 돈을 내고 설치해야 하지요.

〈노동신문〉을 보거나 조선 중앙 통신을 시청하는 것도 지역에 있는 이동 통신 가입 판매소에 가서 해당 앱에 대한 요금을 내야 다운로드할 수 있답니다.

하지만 대부분의 북한 주민들은 아직까지는 자유롭게 인터넷을 사용하지 못해요. 북한을 방문한 여행객이나 대사관 등에는 인터넷을 사용할 수 있는 조건을 제시하고 있지요.

컴퓨터 교육 중인 학생

외국 여행객들에게는 북한 내에서의 페이스북이나 간단한 이메일 정도만 주고받을 수 있게 하고요. 언젠가는 모든 북한 사람들이 자유롭게 인터넷을 사용할 수 있는 날이 오겠지요?

북한의 손전화기 : 아리랑, 평양, 진달래

북한 주민들은 휴대 전화를 손전화기라고 불러요. 손전화기의 가입자 수는 2010년대부터 꾸준히 늘고 있어요. 손전화기의 발달로 인해 주민들의 생활도 한결 편리해졌지요.

주민들의 손전화기 사용은 2008년부터 시작되었어요. 이집트의 오라스콤 통신 회사가 북한의 휴대 전화 운영권을 따내면서 서비스가 시작되었지요.

북한의 손전화기 가입자는 600만 명(2018년 기준) 정도예요. 북한 주민 10명 중 4명이 사용

통해 실질적으로 종교 활동을 한 사람들이에요. 또한 교회 예배와 성당 미사에 참석하는 사람들 중에는 신도뿐만 아니라 평양을 방문하는 외국인 여행객들도 있답니다.

북한에서도 인터넷을 사용할 수 있을까?

예전부터 북한은 다른 나라와의 교류가 거의 없어 철저히 격리된 나라라고 생각했어요. 그러나 2010년대에 들어서면서 그 이미지가 많이 바뀌고 있지요. 다른 나라 사이트에 접속할 수 있는 인터넷도 몇몇 학교와 기관에서는 사용하고 있어요. 지난 2013년에 지어진 마식령 스키장에서도 인터넷을 사용할 수 있게 설치해 두었지요.

북한 강원도 원산시에 있는 마식령 스키장

TIP 북한의 인터넷 쇼핑몰 '만물상'

북한에도 인터넷으로 쇼핑을 할 수 있는 사이트가 있어요. 북한에서는 이러한 온라인 쇼핑몰을 '전자상점'이라고 부르지요. 나라에서 운영하는 '옥류'를 비롯하여 내나라, 은파산, 만물상 등이 있어요. 주민들은 이 전자상점에서 온라인으로 주문을 하고 결제를 한 뒤 상품을 배달받아요. 화장품, 의류, 식료품, 가구 등 다양한 제품을 구입할 수 있답니다.

장충 성당

장소에서의 종교 생활을 허용하기 시작했어요. 그러나 북한 정부에서는 여전히 주민들에게 종교 생활을 권장하진 않고 있어요.

그러다 2010년 이후로 종교 활동을 하는 일반 주민들의 모습이 사진을 통해 공개되었지요. 또한 북한 지도에 종교 건물이 표시되기도 했고요.

북한에는 교회가 여러 곳에 있지만, 성당은 한 곳뿐이에요. 북한의 유일한 성당인 장충 성당은 1988년에 세워졌어요. 그해 10월 로마 교황청의 특사가 방문하여 성당이 세워진 것을 기념하는 미사도 진행했답니다.

2018년에는 북한의 조선 종교인 협회에서 우리나라 종교인들에게 성탄 축하와 평화의 인사를 보내기도 했어요. 또 장충 성당에서 미사를 하는 신자들의 모습과 봉수 교회에서 예배하는 주민들의 모습을 언론을 통해 내보내기도 했지요.

조선 종교인 협회에 속한 사람들은 김일성 종합 대학 종교학부를 졸업하고, 해외 연수를

나라에서는 체제를 보호해야 한다는 이유로 종교 활동을 권하진 않아.

문 예술 기관도 있지만, 아이들의 재능을 키우는 전문 예술인 육성 기관인 금성제1중학교도 있어요. 이 학교는 예술 대학에 들어가기 전에 전문 교육을 받는 곳으로, 북한의 유명한 성악 배우들을 배출하고 있는 학교지요. 북한 사람들이 오랫동안 기억하

고 있는 성악 배우로는, 우리나라에서도 유명한 노래 '휘파람'을 부른 전혜영을 비롯하여 리경숙, 리분희 등이 있답니다. 이 외에도 평양을 비롯하여 각 도에 있는 예술 학원을 통해서도 예술 인재를 양성해요.

북한에서는 예술인의 인기가 많아요. 대부분의 부모는 자녀들이 어려서부터 전문 기관에서 예술 교육을 받기를 원하고, 실제로 그 투자에 모든 힘을 쏟아붓기도 한답니다.

북한에도 종교가 있을까?

북한은 분단 이후 공식적으로 종교 활동을 금지했어요. 그러다 1970년대부터 종교 단체가 조금씩 다시 생겨났어요. 1988년부터는 공식적으로 나라에서 인정한

곳곳을 찾아다니면서 인터뷰를 진행하고 스스로 아이디어를 내어 행사 흐름을 이끌어 가기도 한답니다.

동무들의 이야기를 들어 볼까요?

북한의 연예인

북한에도 연예인이 있어요. 영화배우와 성악 배우, 만담 배우, 연극배우 등이 있지요.

영화배우와 만담 배우, 연극배우는 평양 영화 연극 대학을 졸업한 대학생이 대부분이에요. 북한의 성악 배우들은 한국에서 가수로 불리는 사람들로, 김원균 명칭 음악 종합 대학 졸업생이 대부분이에요.

북한에서는 성인들을 대상으로 하는 전

TIP 북한의 음악가 김원균

북한의 국가와 '김일성 장군의 노래' 등을 작곡한 음악가예요. 해방 직후 북한의 음악을 발전시키고 후배 음악인들을 키워 낸 공로를 인정받았어요. 음악인을 양성하는 대학교에 그의 이름을 따 붙이기도 했답니다.

김원균 명칭 음악 종합 대학

〈아동문학〉에는 동화나 동시뿐만 아니라, 학급에 있는 소박하고 아름다운 이야기가 실려요. 이런 이야기들은 여러 학생에게 긍정적인 영향을 주어 제2, 제3의 사례로 확대되어 가는 것이지요.

이러한 북한의 언론 문화는 2010년에 들어와 많이 변하고 있어요. 특히 텔레비전 뉴스의 경우, 이전엔 아나운서가 단상에 앉아 무서운 단어를 쏟아 내며 딱딱하고 높은 톤으로 기사를 전달했어요. 그러나 지금은 젊은 아나운서가 미소 띤 표정과 부드러운 말투로 기사를 전하고, 현장에 나가 취재한 장면이나 속보도 전달하고 있지요.

예를 들면 아나운서가 뉴스를 전달하고 있는데, 다른 앵커가 종이를 들고 등장해서 "방금 들어온 소식입니다!"라는 식으로 소식을 전하는 것이에요.

이러한 변화는 현장 프로그램을 진행하는 아동 사회자가 등장하는 데서도 찾아볼 수 있어요. 4~6살 정도의 어린 남녀 사회자가 행사장은 비전문가들이 만들어 가기도 해요.

비전문가의 예로 학생 신문인 〈새날신문〉의 저자들을 꼽을 수 있어요. 각 학교에서는 좋은 일을 했거나 학습과 조직 생활에서 선구자*적 역할을 한 학생에 대한 이야기를 취재하여 신문에 글을 실어요. 이 방식은 〈새세대〉라고 하는 학생 잡지의 기사를 쓰는 데도 이용하지요.

낮은 학년에서는 〈아동문학〉이라는 책으로 학생들의 생활을 전달해요. 이처럼 아동 신문이나 잡지에 글을 게재하는 학생들을 〈새날신문〉 통신원, 〈아동문학〉 통신원, 〈새세대〉 통신원 등으로 부른답니다. 학교에서는 이러한 신문과 잡지에 실린 기사를 교육에 이용하기도 해요.

어른들이 보는 각종 신문을 만드는 데에도 이런 방법을 써요. 노동당 기관지 〈노동신문〉과 각 지역의 신문에도 해당 통신원들이 각 지역에서 일어나고 있는 여러 행사를 게재하지요.

북한의 신문과 방송에서는 우리나라에서처럼 사건이나 사고를 다루는 기사는 거의 없어요. 독자와 시청자에게 긍정적인 것만 따라 배우라는 일종의 메시지인 셈이지요.

★ **선구자** 어떤 일이나 사상에서 다른 사람보다 앞선 것.

많진 않지만, 평양에 큰 태권도 전당이 있어요. 또한 각 학교에서 재능 있는 태권도 선수를 뽑아 훈련을 시켜요.

북한에서는 일반인들도 체육을 널리 즐길 수 있게 노력하고 있어요. 주민들은 일을 하다가 휴식 시간에 농구나 배구, 탁구 등을 하지요. 체육 활동을 생활화하여 자신의 체력을 기르면 집단 단결력에도 도움을 준다고 생각한 거예요.

이러한 집단 활동을 할 때 북한 사람들에게 익숙한 구호가 있어요.

"하나는 전체를 위하여, 전체는 하나를 위하여!"

개인은 집단을 위해 헌신해야 하고, 집단은 개인을 위해 노력해야 한다는 뜻이지요. 이렇게 생활하면 개인이 집단을 위해 많은 부분 희생해야 하는 단점이

있어요. 하지만 조직이라는 단체 안에서 마음을 아름답게 성장시켜 나갈 수 있고, 어렵고 힘들 때 손을 내밀어 도움을 받을 수 있는 장점도 있답니다.

북한의 신문과 방송

대중을 사상적으로 무장시키는 데는 여러 방법이 있어요. 그중 대표적인 것이 바로 신문과 방송이에요. 북한의 신문과 방송은 주로 전문인들이 이끌지만, 일부분

북한의 집단 공연

북한에서는 예술을 주로 선동*의 도구로 이용해요. 한 대상을 모델로 한 뒤 전국에 일반화하는 '따라 배우기'는 현재도 많은 사람에게 익숙한 문화이지요. 그중 대표적인 것이 아리랑 집단 체조예요. 10대 어린이부터 전문 예술인, 체육인, 일반 회사원 등 10만여 명이 참여하는 대집단 체조 아리랑은 북한의 자랑이며 긍지로 인식되어 있답니다.

집단 체조에 참가하는 학생들은 각자 맡은 분야에서 전문성을 키워야 해요. 집단 체조에 참여하는 사람들은 노래와 춤을 기본으로 하지요. 관중석에는 각 장면마다 해당된 그림이나 글씨를 펼치는 카드 섹션을 보이게 된답니다.

많은 사람이 참여하는 공연 '아리랑 집단 체조'

아리랑 집단 체조는 카드 섹션뿐만 아니라 태권도, 무용 등을 이용하여 매스 게임을 하는 대공연이에요. 이 공연은 조직의 집단력을 강조하는 데 활용되지요.

태권도를 이용한 집단 체조와 카드 섹션

한민족의 전통 무예인 태권도는 북한에서도 유명해요. 우리나라처럼 도장이

★ **선동** 남을 부추겨 어떤 일이나 행동을 하도록 하는 것.

가 알고 있는 노래들은 주로 사랑에 대한 이야기가 많으니까요.

"아~ 나도 예술단에 들어가고 싶다!"

"오, 어떤 분야로?"

"가수! 내가 노래를 정말 잘 부르거든. 하지만 가수가 될 수 없어."

"에이, 꿈을 접기엔 아직 이르지. 가수가 되기 위해 노력해 봐."

지호는 은심이가 자신감을 가질 수 있게 응원의 말을 전했어요. 하지만 은심이의 말은 그런 문제가 아니었지요.

"이미 인재 교육을 받고 있는 아이들이 많이 있거든. 뒤늦게 배운다 해도 그 아이들에 비하면 실력이 많이 부족할 거야. 게다가 우리 집이 부자도 아니니 기회조차 없을 거고."

지호는 기회조차 없을 거라는 은심이의 말이 너무 슬펐어요.

"은심아! 우리나라에서는 재능이 있으면 다양한 기회를 얻을 수 있어! 그러니 계속 꿈을 키워 봐! 통일이 되면 멋진 가수가 될 수 있을 거야!"

은심이와 지호는 어서 통일이 되었으면 좋겠다고 생각했어요.

공연을 했던 것처럼, 이번에는 북측 예술단이 서울에 와서 공연을 한 거예요. 지호는 엄마 아빠와 한참 동안이나 북한에 대한 이야기를 나누었어요.

뉴스가 끝나고 방으로 들어오니 은심이한테 메시지가 와 있었어요.

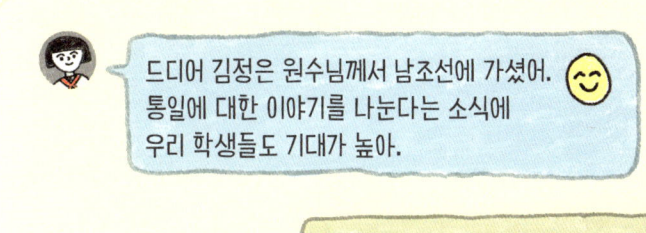

지호는 텔레비전에서 본 북측 예술단에 대한 이야기를 꺼냈어요. 공연하는 사람들의 절도 있는 모습이 인상 깊었거든요. 동작 하나하나에 힘이 실려 있었고 표정도 풍부했지요. 은심이는 그들이 매우 오랫동안 훈련한 예술인들이라고 했어요.

"우리나라에는 다양한 예술단이 있는데, 거기에 들어가려면 실력이 엄청 뛰어나야 해. 어릴 때부터 혹독한 훈련을 받아 온 사람들이지."

"오, 북한에서도 예술을 되게 중요하게 생각하나 봐?"

"응. 김정은 위원장님께서는 좋은 노래는 대포나 비행기보다 더 센 무기라고 늘 말씀하셨어. 예술은 정치에도 큰 도움이 되거든."

지호는 예술이 정치에 도움이 된다는 말이 이해가 안 됐어요. 지호

던 이야기를 떠올리면서 가고 싶은 곳을 몇 군데 추려 보았어요.

"음, 장마당에 가서 두부밥이랑 감자로 만든 농마국수도 먹고 싶고요. 또래 친구들과 모여서 단체로 업간체조도 해 보고 싶어요. 할 수 있다면 유튜브로 방송도 할 거예요. 아빠는요?"

"아빠는 묘향산에 꼭 가 보고 싶어. 거기 가면 고려 시대에 만든 보현사라는 절이 있는데, 사진으로 본 절 풍경이 정말 멋있더라~! 특히 팔각형으로 된 탑이 있는데 그게 진짜 멋있어."

보현사 8각 13층 석탑

"엄마는 통일이 되면 우리나라에서 유럽까지 기차를 타고 여행해 보고 싶어. 그럼 참 좋겠지?"

"오~ 아빠 엄마 얘길 들어 보니, 진짜 상상만으로도 즐거워요!"

그때 마침 뉴스에서 흥겨운 노랫소리가 흘러나왔어요. 북측 예술단의 공연 장면이었어요. 몇 년 전에 우리나라 예술가들이 평양에 가서

5 문화

너와 나, 우리 꼭 만나!

"역사적인 순간입니다! 드디어 서울에서 남북 정상이 만났습니다."

지호는 텔레비전에 나오는 두 정상의 모습을 지켜보았어요. 우리나라의 대통령과 북한의 위원장이 회담을 하기 위해 서울에서 만나 악수를 나누는 장면이었지요.

"통일이 눈앞이구나."

엄마가 아련한 목소리로 말했어요. 엄마는 늘 통일이 되면 북한에 있는 외할아버지의 고향에 가 보고 싶다고 했지요.

"지호는 통일이 되면 어디에 가 보고 싶니?"

같이 뉴스를 보던 아빠가 지호에게 물었어요.

지호는 속으로 '은심이가 있는 곳이요!'라고 말하고 싶었지만, 왠지 부끄러운 마음이 들어 속으로 꾹 삼켰어요. 그 대신 은심이와 나누었

기업들이 들어갔어요. 이곳에서 우리나라 노동자와 북한의 노동자가 함께 일했답니다.

중단된 개성 공단

그런데 2008년부터 북한 정부가 개성 공단을 제재하는 일이 생기기 시작했어요. 그 후로 수년간 연평도 포격 도발 사건, 핵실험, 미사일 발사 등의 이슈로 두 정부 간
의 신경전이 벌어졌지요. 결국 2016년 2월, 박근혜 정부는 개성 공단을 전면 중단하겠다고 발표했어요. 당시 개성 공단에 들어가 있던 124개의 기업은 큰 피해를 보았지요. 남북 경제 교류의 핵심이었던 개성 공단은 그때부터 지금까지 계속 멈춰 있는 상태예요.

개성 공단 재가동을 위한 노력

문재인 정부는 한반도의 평화를 위해 북한과의 대화를 끊임없이 시도하고
있어요. 최근 들어 북한과의 관계가 좋아지면서 멈춰 버린 개성 공단을 다시 재개하기 위해 노력하자는 목소리가 불거지고 있답니다.

더 알아보기

개성 공단은 왜 멈추었을까?

2000년 6월 13일, 우리나라 김대중 대통령과 북한의 김정일 위원장이 평양에서 만나는 역사적인 사건이 있었어요. 남한과 북한의 두 정상이 만난 것은 분단 이후 처음 있는 일이었지요. 이틀 뒤, 두 정상은 조국의 평화적 통일을 기원하며 6·15 공동 선언을 발표했어요.

민족 경제의 균형적 발전을 위한 첫걸음

6·15 공동 선언 이후 두 정부는 경제 협력을 위한 첫걸음으로 개성 공단 사업을 준비했어요. 그 결과 같은 해 8월, 현대 아산과 조선 아시아 태평양 위원회 사이에 개발 합의서가 체결되었지요. 우리나라의 기술과 자본, 북한의 땅과 노동력을 이용하여 경제를 개발한다는 내용이었어요.

개성 공업 지구

개성 공업 지구가 완공되고 2004년 12월, 드디어 개성 공단의 기계가 돌아가기 시작했어요.

개성 공단에는 섬유, 화학, 식품, 전기, 금속 등 노동력이 많이 필요한 업종의

장마당을 지키는 시장 보안원

장마당에는 시장을 담당하는 보안원(우리나라의 경찰관)이 있어요. 시장 담당 보안원은 1990년대 말부터 시장에서 각종 불법 물건이 유통되는 것을 막기 위해 해당 지역의 보안서에서 내보낸 사람들이지요.

그뿐만 아니라 도난 사고를 해결하기도 하고, 시장에서 난동을 부리는 사람들을 단속하기도 해요.

TIP USB 메모리를 타고 북한에 부는 한류 바람?

장마당에서 불법으로 팔리는 물건 중 가장 인기 있는 상품은 우리나라의 드라마나 영화, 대중음악 파일이 담긴 USB(이동식 저장 장치) 메모리예요. 북한에서는 우리나라의 매체를 접하는 것을 엄격히 금지하고 있어요. 하지만 작고 휴대가 간편한 USB 메모리를 통해 보안원들 몰래 거래되고 있지요.
이러한 불법 파일은 주로 중국을 통해 몰래 들여와 팔고 있어요. 북한 사람들은 불법으로 유통 중인 우리나라의 문화 자료를 통해 우리나라에 대해 알아 가고 있지요.

동영상 플레이어

리소에서 발급하는 시장세 표가 있어야 해요.

2010년대에 들어서면서 시장 통제가 약해지자 전국의 시장에서 물건을 판매하려는 사람과 사려는 사람이 크게 늘었어요. 또한 상품을 운반하는 사람, 물건을 배달해 주는 사람, 시장을 관리하는 사람 등도 생겼답니다.

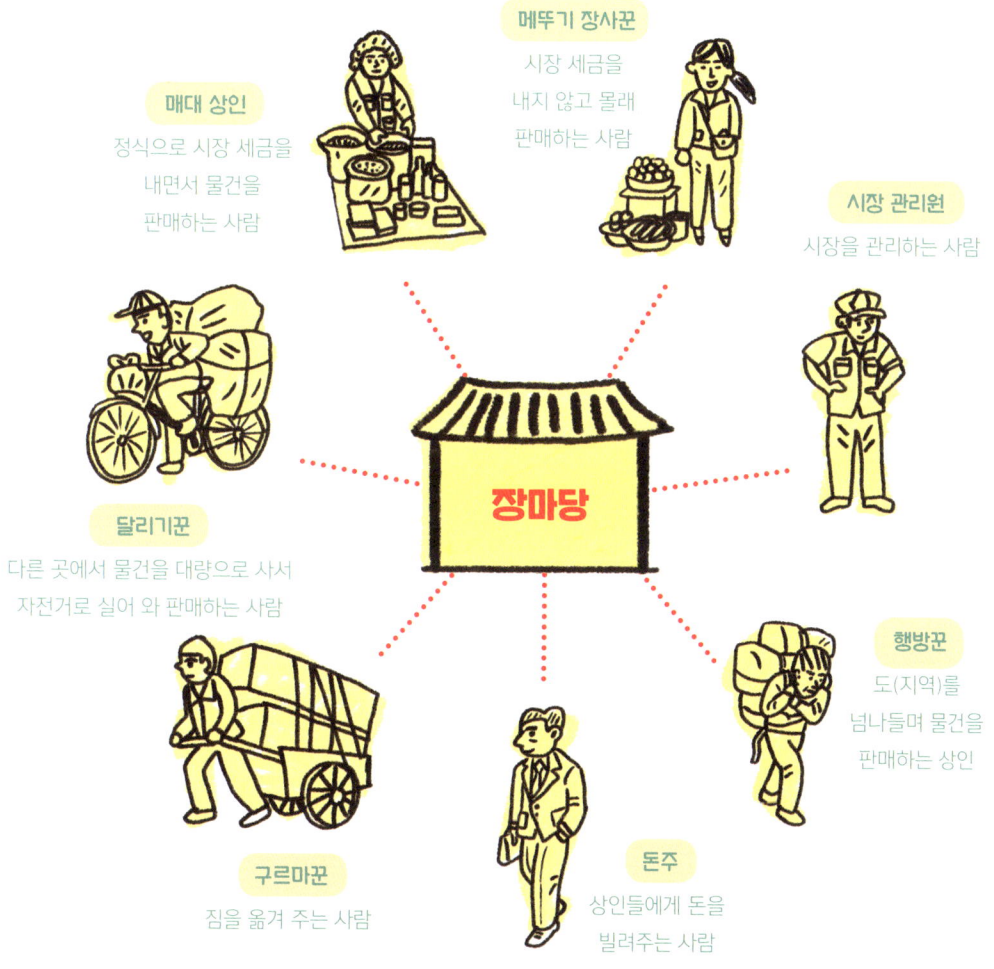

장마당은 현재 북한 주민들이 생활하는 데 없어서는 안 될 장소예요.

주민들도 먹고사는 문제에서 벗어나 점차 저축하는 삶을 살아가기 시작했지요. 그 결과 북한 곳곳에서 2000년대의 생활보다 한 단계 높아진 수준을 보이고 있답니다.

내레 오늘은 엄마랑 장마당에서 물건을 팔다가 점심에 두부밥을 사 먹었다. 두부 속을 갈라서 밥으로 채운 음식이지. 너네도 이런 거 먹니?

우리나라 유부초밥이랑 비슷하게 생겼네.

> **TIP** **장마당 세대**
>
> 북한의 경제가 최악으로 치닫던 고난의 행군 시절에 태어나 무상 배급을 받지 못하고 자랐던 20대 청년 세대를 뜻하는 말이에요. 이들은 어렸을 때부터 장마당을 보고 자랐기 때문에 장마당 세대라 불려요. 또한 국가로부터 지원을 거의 받지 못했기 때문에 나라에 대한 충성도도 낮아요.

장마당을 이루는 사람들

장마당을 구성하려면 다섯 가지의 조건을 갖추어야 해요. 첫째로 울타리와 지붕이 있어야 해요. 둘째, 시장의 이름이 있어야 하지요. 셋째, 시장 매대가 있어야 하고, 넷째로는 시장 관리소가 있어야 해요. 다섯째, 시장 관

느끼게 되었어요. 돈이 있어야 시장에서 먹을 것을 사고 굶어 죽지 않을 수 있었으니까요. 점점 북한 사회에서도 자본주의의 모습이 보이기 시작한 거예요.

현재의 장마당

전국 곳곳에서 장마당이 생기자, 북한 정부는 이에 대해 엄격한 통제를 시작했어요. 남성들은 모두 장마당 판매에 참여하지 못하게 하여 회사 생활을 하도록 했어요. 장사는 무조건 45살 이상의 여성들만 할 수 있게 규칙을 정했지요.

2000년에 들어서자 북한 정부는 정책적으로 장마당을 허용하기 시작했어요. 이때부터 북한 주민들의 생활이 안정되기 시작했어요.

그 후로 크고 작은 시장이 여럿 생겼고, 현재는 전국에 400여 개가 넘는 장마당이 있어요. '고양이 뿔 빼고 다 있다'는 말이 있을 정도로 상품도 다양하지요. 장마당의 특이한 점 중 하나는 주로 외국 돈으로 거래가 이루어진다는 점이에요. 미국 달러화, 중국 위안화 등을 주로 사용해요. 2000년대 후반에 북한 돈의 가치가 심하게 낮아지자, 그보다 안정적인 외국 돈으로 거래를 하게 된 것이지요.

북한의 시장 장마당

지만 해도 쌀과 생필품 배급, 의료와 교육 서비스 등이 나쁜 수준은 아니었어요.

집 없이 떠돌며 사는 북한 노숙 아이들 '꽃제비'

그런데 1990년대 중반부터 경제 상황이 나빠지자 최악의 식량난이 시작되었어요. 나라에서 나눠 주던 쌀도 뚝 끊겼지요. 이때부터 많은 사람이 굶어 죽었고, 목숨을 걸고 북한을 탈출하는 사람들이 늘어나는 등 힘겨운 시간이 흘러갔어요. 이 시기를 '고난의 행군'이라 부르지요.

이 시기에 사람들은 먹고살기 위해 스스로 시장을 만들었어요. 돈이 될 만한 것을 가지고 나와 사람들이 모인 곳에서 사고팔아 식량을 해결하는 것이지요. 이렇게 개인끼리 물건을 거래하는 시장을 북한에서는 '장마당'이라고 해요.

물론 이전에도 시장이 있긴 했지만, 정부가 배급하기 어려운 물건만 판매했어요. 농민들이 씨앗을 구매하거나 가축 종자를 사거나, 가정에 필요한 일부 농산물을 교환하거나 구매하는 형태로 운영했지요.

당장 필요한 식량과 생필품을 중심으로 장마당이 활성화되자, 사람들 간의 물건 거래가 늘어났어요. 이때부터 사람들은 개인의 재산이 얼마나 중요한 것인지

북한의 경제 체제

우리나라는 시장에서 물건을 자유롭게 사고팔아서 개개인이 돈을 쓰거나 벌 수 있어요. 이러한 활동이 보장되는 자본주의 시장 경제이기 때문이에요. 사람들은 각자 돈을 벌어 자신의 재산을 모으기도 하고요.

하지만 북한에서는 1990년대 후반까지 오랫동안 개인의 재산을 따로 인정하지 않았어요. 우리와 다른, 사회주의 계획 경제였기 때문이에요. 사회주의 국가에서는 생산 수단을 나라에서 관리해요. 따라서 사람들이 일해서 얻은 이익은 집단화, 즉 개인의 것이 아닌 집단 모두의 것으로 여겼지요. 모두가 함께 벌어서 이익을 똑같이 나누어 갖는 것이었어요. 이는 북한이 사람들 간의 재산이 크게 차이 나는 것과 이로 인해 계급이 생기는 걸 막기 위해 선택한 시장 체제였어요.

개인 재산을 모을 수 있는 자본주의

개인 재산이 인정되지 않는 사회주의

북한은 1990년대 초까

이들은 평양에 살며 진학, 의료, 배급 등의 혜택을 제일 먼저 받을 수 있어요.

동요 계층은 두 번째 계급으로, 일반 사람들을 뜻해요. 대다수의 사람들이 동요 계층에 속하지요.

적대 계층은 가장 마지막 계급이에요. 일제 강점기 때 친일 행위를 했거나, 6·25 때 한국군이었거나, 탈북자 가족 등일 경우가 이에 속하지요.

10원의 앞면에는 북한의 군인인 인민군이 그려져 있어요. 왼쪽부터 공군, 해군, 육군을 뜻하지요. 5원의 앞면에는 과학자와 대학생의 모습이 담겨 있어요. 과학자는 최근 북한에서 매우 중요하게 생각하는 직업 중 하나랍니다.

> **TIP 북한에도 은행이 있을까?**
>
> 북한에도 은행이 있긴 해요. 하지만 개인이 이용 가능한 은행은 거의 없고, 자유로운 입출금이 어려우며, 이자율도 낮아 사람들이 거의 이용하지 않아요.

500원 이하 >>> 500원에는 평양에 세워져 있는 평양 개선문이, 200원에는 천리마 동상이 그려져 있어요. 100원에는 북한의 국화인 목란이 담겨 있지요.

다른 지폐와는 달리, 100원, 200원, 500원의 뒷면에는 각 권의 금액만 적혀 있답니다.

50원의 앞면에는 3명의 북한 인민이 그려져 있어요. 이들은 인민 3대 계층인 핵심, 동요, 적대 계층을 상징하지요.

핵심 계층은 인민 중에서 가장 높은 특권층으로, 조선 노동당원, 사무원, 혁명 유족 등이 있어요.

TIP 천리마 운동

노동력을 높여서 생산량을 높이자는 북한의 노동 강화 운동이에요. 천리마란 하루에 1,000리를 달릴 수 있을 정도로 좋은 말을 뜻해요. 1950년대 후반, 북한에서는 천리마처럼 빠른 속도로 경제를 발전시키자는 의미에서 천리마 운동을 일으켰어요. 천리마 동상은 천리마 운동의 상징물로, 모란봉 공원에 설치되어 있답니다.

요. 현재 북한 시장에서 좋은 쌀 1킬로그램이 약 5,000원에 팔리고 있어요. 우리나라 돈으로 바꿔 보면 쌀 1킬로그램을 700원에 구입하는 셈이지요.

2,000원 >>> 앞면에는 백두산과 집 한 채가 있어요. 이 집은 북한 김정일 위원장이 태어났다고 알려진 백두산 밀영 고향 집이에요. 뒷면에는 백두산 천지의 눈 쌓인 풍경이 담겨 있어요. 북한 돈 2,000원은 우리나라 돈으로 270원 정도예요. 북한 시장에서는 이 돈으로 옥수수쌀 1킬로그램 정도를 살 수 있어요.

1,000원 >>> 앞면에는 김일성 주석의 아내인 김정숙 여사의 함경북도 회령에 있는 생가가 그려져 있어요. 뒷면에는 백두산 주변에 있는 연못인 삼지연이 담겨 있지요. 북한 돈 1,000원으로는 달걀 1알을 살 수 있답니다.

북한의 돈은 어떻게 생겼을까?

북한의 화폐 단위는 우리나라와 같은 '원'이에요. 거기에 우리나라에는 없는, 원보다 작은 단위인 '전'을 사용하고 있지요.

북한에서 사용하는 돈은 지폐와 동전이 있어요. 지폐는 제일 높은 금액인 5,000원을 비롯하여 2,000원, 1,000원, 500원, 200원, 100원, 50원, 10원, 5원 총 9가지가 있어요. 동전은 1전, 5전, 10전, 50전, 1원이 쓰이고 있어요. 북한 지폐에는 다양한 그림이 담겨 있어요. 어떤 내용이 있는지 살펴볼까요?

5,000원 >>> 가장 높은 금액의 화폐로, 앞면에는 김일성 주석의 고향으로 알려진 만경대 생가가 그려져 있어요. 뒷면에는 평안북도 향산군에 있는 '국제 친선 전람관'이 그려져 있어요. 국제 친선 전람관은 세계 각국의 대통령과 고위 인사들, 일반 주민 등이 북한에 선물한 각종 희귀한 선물 16만 5,500여 점이 보관되어 있어요.

북한의 5,000원은 우리나라 돈으로 약 700원(2019년 기준) 정도예 그 순간 지호는 중국집에서 아빠가 했던 말이 떠올랐어요.

'아하! 북한에서는 특이하게 다른 양념을 넣는다더니, 그게 바로 된장이었군!'

은심이는 먹방이 뭐냐고 물었어요. 지호가 먹방에 대해 자세히 알려 주자 은심이는 재미있겠다며 엄청 신나 했어요. 특히 많은 사람이 보는 영상 속에 자신의 얼굴이 나온다는 사실에 즐거워했지요.

지호는 은심이에게 먹방에 대해 알려 준 대신에 북한의 돈이 어떻게 생겼는지, 물가는 어느 정도인지 물어봤어요.

돼요?"

"음? 그게 무슨 소리니? 우리나라에서 1시간 일하면 적어도 8천 원은 훌쩍 넘게 받아야 하는데? 최저 시급은 법으로 정해져 있거든."

"근데 북한에서는 일반 직장인들이 한 달 일하고 받는 평균 월급이 7,000원도 안 된대요. 이상하지 않아요?"

엄마 아빠는 이제야 알았다는 듯 빙그레 웃음을 지었어요.

"그건 말이야, 화폐 단위는 남북한 모두 '원'을 쓰지만 우리나라랑 북한의 물가가 다르기 때문이야."

"같은 '원'이라고 해서 물건값도 같은 건 아니란다. 우리나라 돈이랑 북한 돈은 완전 다르거든."

지호는 엄마 아빠의 말을 듣고 나서 북한의 돈이 어떻게 생겼는지, 물가는 어느 정도인지 궁금해졌어요. 방으로 들어와 은심이와의 대화창을 열자 메시지가 도착해 있었어요.

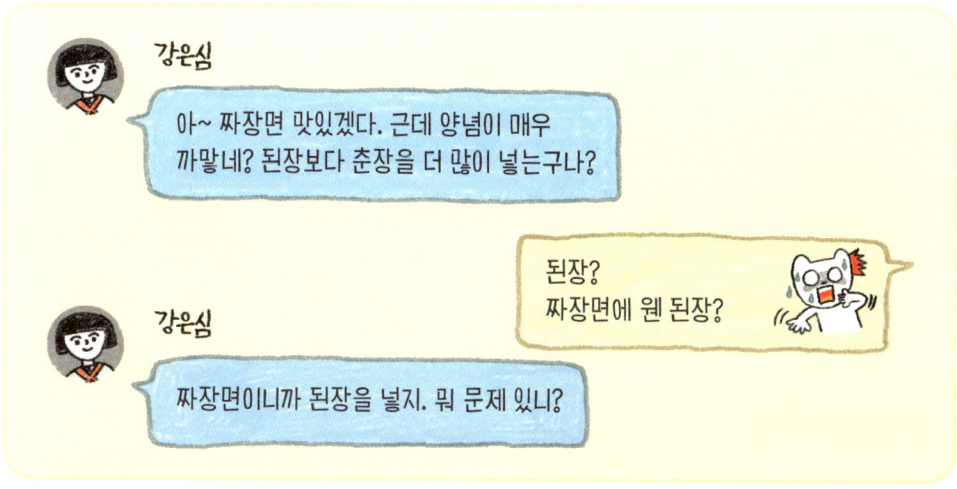

채로 식당을 나왔어요.

집으로 돌아온 지호는 곧장 은심이에게 연락했어요.

'짜장면이 70원이라고? 엄청 싸네! 근데 왜 비싸다고 하지? 아님 숫자 뒤에 0을 두 개 빠뜨렸나?'

지호는 은심이에게 짜장면이 7,000원이냐고 되물었어요. 그러자 은심이는 70원이 맞다고, 북한에서는 7,000원이면 보통 주민들의 평균 월급보다도 많은 돈이라고 했어요.

지호는 아무리 생각해도 이해가 되지 않았어요. 우리나라에서 70원으로 할 수 있는 게 거의 없거든요.

"엄마, 직장인이 한 달 동안 열심히 일해서 받는 돈이 7,000원이라는 게 말이

경제 77

4 경제

짜장면이 얼마라고?

"으아~ 배불러! 역시 탕수육이 최고!"

지호는 생일을 맞이하여 부모님과 오랜만에 중국집에 갔어요. 짜장면과 짬뽕, 그리고 지호가 가장 좋아하는 음식인 탕수육까지 잔뜩 시켜 놓고 맛있게 먹었지요. 디저트로 나온 과일을 먹는데 아빠가 퀴즈를 냈어요.

"지호야, 북한에 짜장면이 있게, 없게?"

"에이, 아빠도 참, 당연히 없겠죠."

지호가 마지막 남은 군만두까지 먹고는 배를 두드리며 말했어요.

"아빠가 텔레비전에서 봤는데 북한에도 짜장면이 있대. 근데 특이하게 다른 걸 넣는데, 뭐였더라……."

아빠가 오랜 시간 곰곰이 생각에 잠겼지만 끝내 기억해 내지 못한 정했어요. 신탁 통치란 유엔의 위임을 받은 나라가 정치적으로 불안정한 나라를 일정한 기간 동안 다스리는 통치 형태예요.

우리나라 사람들은 이 결정을 두고 신탁 통치 반대파(남한)와 찬성파(북한)로 나뉘었답니다.

총선거를 둘러싼 의견 대립

1946년 3월, 미국과 소련은 한반도의 신탁 통치에 대해 의논하기 위해 미·소 공동 위원회를 열었어요. 하지만 두 나라는 의견 차이를 좁히지 못했고, 이 문제를 유엔으로 넘겼어요. 유엔에서는 남북한 총선거를 실시하라고 지시했어요. 그러나 북한의 인구수는 남한의 인구수보다 훨씬 적기 때문에, 이 선거는 북한에 불리할 것이 뻔했지요. 결국 북한에 정부를 세우려 했던 소련은 유엔의 지시를 거부했어요. 그러자 유엔은 선거가 가능한 지역만 따로 총선거를 실시하여 정부를 세우라고 결정했어요.

유엔 한국 임시 위원단 환영식

남한의 총선거와 대한민국 정부의 탄생

유엔의 결정에 따라 남한은 단독 총선거를 준비했어요. 결국 1948년 5월 10일, 남한에서만 선거가 치러져 대한민국 정부가 세워졌지요. 이를 기점으로 한반도는 남한과 북한으로 나뉘고 말았답니다.

5·10 선거 홍보지

더 알아보기
한반도는 왜 남한과 북한으로 나뉘었을까?

1945년 8월 15일은 우리나라가 일본에게 빼앗겼던 주권을 다시 찾고 해방을 맞이한 날이에요. 일본이 제2차 세계 대전에서 패하면서 갑작스럽게 벌어진 일이었지요.

해방을 기뻐하는 사람들

그 후 이 전쟁에서 이긴 미국과 소련이 일본 대신에 한반도를 간섭하기 시작했어요. 우리나라가 아직 독립할 수 있는 힘이 없다면서 말이지요.

분단의 씨앗이 된 신탁 통치

미국과 소련은 각자 자신들에게 유리한 정부를 한반도에 세우려 했어요. 그러다 삼팔선을 기준으로 북쪽은 소련이, 남쪽은 미국이 더 강하게 간섭했지요. 결국 1945년 12월, 미국·영국·소련 세 나라가 모여 일본의 식민지였던 나라들을 어떻게 처리할 것인지 논의했어요. 그들은 우리나라가 스스로 설 수 있는 능력이 생길 때까지 5년간 신탁 통치를 하겠다고 결

신탁 통치를 반대하는 집회

나 다름없으며, 늘 100퍼센트 찬성률을 기록해요.

선거날 줄 서 있는 사람들

학생들은 선거철이 되면 등교 전과 방과 후 시간에 마을 주변을 행진하면서 "모두 다 선거에 찬성 투표하자!"라는 내용의 노래를 불러요. 그리고는 한목소리로 구호를 외치며 선거를 북돋우는 활동을 해요.

북한의 선거장은 주민들의 참여가 활발해요. 북한 주민들은 의무적으로 선거에 꼭 참여해야 해요. 그래서 선거 참여도가 99.9퍼센트일 정도로 선거 참여율이 높지요. 북한은 이를 통해 자신들의 하나 된 체제를 자랑한답니다.

북한도 선거를 한다고? : 100퍼센트 찬성의 비밀

앞에서 북한의 정식 나라명은 조선 민주주의 인민 공화국이라고 했지요? 민주주의란 국민이 나라의 주권을 가지고 그 권력을 행사하는 정치 제도예요. 북한도 나름 민주주의 국가이므로 선거를 치러요.

우리나라는 선거 때가 되면 선거에 나오는 후보들이 길가에 나와 자기를 선전하는 모습을 흔히 볼 수 있어요. 그러나 북한의 선거는 우리나라와 전혀 달라요. 북한은 일반적으로 모든 선거 지역에서 단독 후보가 출마해요. 주민들은 대부분 후보의 얼굴도 잘 모르지요.

투표하러 가는 남자들은 깔끔한 정장 차림으로, 여자들은 한복을 입고 선거장으로 향해요. 이 행위에는 깨끗한 모습으로 지도부를 뽑겠다는 의미가 담겨 있지요. 북한의 선거표에는 도장을 찍는 곳이 없어요. 후보가 한 명이
기 때문이에요. 투표함에 선거표를 넣어 해당 선거구의 후보에게 찬성한다는 의미의 투표만 하면 돼요.

혹시 후보자가 마음에 들지 않아 반대표를 내고 싶으면 어떡하느냐고요? 반대하려면 볼펜으로 줄을 그어야 하는데, 이는 체제에 반대하는 행위이므로 바로 잡혀간답니다. 따라서 북한의 선거는 공개 투표★

★ **공개 투표** 투표하는 사람의 투표 내용을 다른 사람이 알 수 있는 투표 제도.

조선 농업 근로자 동맹

30살 이상의 농축산 노동자들이 의무적으로 가입하는 단체예요. 이들은 다른 조직과는 다르게 생활 총화를 열흘에 한 번씩 하고 있어요. 또한 일반 노동자들은 일주일에 한 번 쉬지만, 농축산 노동자들은 열흘에 한 번씩 쉬지요.

북한은 텔레비전 방송이 휴일인 일요일과 명절을 제외하고는 대부분 오후 5시에 시작해요. 하지만 매월 1일, 11일, 21일, 31일에는 아침부터 여러 방송이 나와요. 이때가 농민들의 휴일이기 때문에요. 조선 농업 근로자 동맹원들은 다른 조직에 비해 단체 행사가 많지 않아요. 주 업무가 농사이기 때문에 농사지을 시기를 놓치면 농사 생산량에 영향을 끼치니까요.

농사짓는 북한 농민들

조선 사회주의 여성 동맹

1945년에 결성된 여성 조직이에요. 처음엔 18살 이상의 여성이 가입하는 단체였으나 현재는 30살 이상의 주부들의 모임이 되었어요.

원래 이름은 '조선 민주 여성 동맹'이었으나, 2016년부터는 민주 대신 사회주의라는 단어를 넣는 것으로 변경되었어요. 사회주의 단어를 통해 주체적인 여성의 느낌을 담으려고 한 거래요.

훈련 중인 붉은 청년 근위대 학생들

고 불러요. 청년 동맹에 가입한 뒤 각 지역에 있는 훈련소에서 15일간 군대 생활을 경험해요. 군인들처럼 아침 5시에 일어나 씻고 청소를 해요. 그 뒤 식사를 하고 군사 훈련을 하지요. 총 쏘는 훈련, 대피 훈련, 산악 훈련, 무기 청소 등 다양한 훈련을 받는답니다.

나라를 지키자!

조선 직업 총동맹

조선 직업 총동맹은 1950년대에 만들어졌어요. 노동당원과 청년 동맹원을 뺀 30살 이상의 노동자, 기술자, 사무원 등 회사원이라면 누구나 가입하는 조직이지요.

총동맹원들은 매주 생활 총화를 진행하고, 시기별로 진행되는 여러 정치 행사와 사회 활동에도 참여해요.

면 마음의 상처를 입기 때문에 친구끼리 관계가 나빠질 때도 있다는 단점이 있어요. 이런 이유로 생활 총화를 두려워하는 학생들이 많답니다.

생활 총화에서 상호 비판보다 더 두려운 것은 사상 무장 생활 총화로 불리는 '사상 검토'예요. 이는 조직원이 모두 모인 상황에서 한 사람을 딱 정해 놓고 집중적으로 비판하는 거예요. 언뜻 보면 집단 따돌림과 비슷하지요. 그래서 이 제도를 싫어하는 사람이 늘고 있다고 해요.

생활 총화 때마다 모두 나한테 손가락질을 할 것 같아서 무서워.

김일성-김정일주의 청년 동맹

1926년에 김일성 주석이 주축이 되어 조직한 '타도 제국주의 동맹'에서 시작된 단체예요. 여러 번 이름을 바꾼 후 1996년부터는 지금의 이름으로 활동하고 있지요.

청년 동맹은 조선 노동당이 추구하는 정책 방향에 맞게 사상적으로 무장하고 앞장서서 공장 기업소나 농어촌 등으로 나아가고 있어요. 청년 동맹에 가입된 사람은 현재 약 500만 명이라고 해요.

청년 동맹은 14살부터 30살 사이의 주민들이 가입해요. 이들 중 16살 안팎의 학생들은 군사 훈련을 받는데, 이들을 '붉은 청년 근위대'라

조선 사회주의 여성 동맹 등이 있어요. 조선 노동당은 이 모든 조직을 지도하지요.

모든 조직에서는 생활 총화를 해요. 생활 총화란 자신의 일주일 동안의 생활을 조직 앞에서 사실 그대로 보고하는 일이에요. 잘한 것보다 잘못한 일을 밝히고, 잘못을 저지르게 된 이유를 생각해 본 뒤 문제점을 고치기 위해 앞으로 어떻게 변할 것인가에 대해 이야기를 나누지요.

생활 총화는 자신의 행동을 스스로 돌아보고 반성한다는 점뿐만 아니라, 조직원끼리 서로의 행동을 함께 살펴보고 본인이 미처 찾아내지 못한 단점을 알아본다는 점에서 서로에게 도움이 돼요.

하지만 생활 총화에도 단점이 있어요. 이 과정에서 서로 비판하는 '상호 비판'이 문제이지요. 별로 큰 잘못이 아닌데도 어떤 사람들은 긍정적인 비판이 아니라 오로지 남을 흉보기 위한 비난을 하기도 해요. 특히 학생들의 경우에는 가정 이야기까지 들먹이

주체사상

주체사상은 북한의 최고 통치 이념이자, 전체 주민의 생활 지침이에요. 주체사상이란 자기 운명의 주인은 자기 자신이며, 자신의 운명을 개척하는 힘도 자기 자신에게 있다는 것이에요. 주체사상은 그 어떤 사상보다도 제일 위에 있고, 사회의 모든 부분을 통제하는 강력한 힘을 가지고 있답니다.

북한에선 줏대 없이 이랬다저랬다 하는 사람을 보고 '주체 없는 인간'이라고 흉을 본단다.

북한의 수도 평양에는 주체사상탑이 있어요. 화

강암으로 만든 150미터의 19층 탑 위에 20미터 높이의 횃불 모양 봉화탑이 놓여 있어요. 붉은색 유리로 만든 봉화탑은 봉화가 활활 타오르는 모습의 조명 장치를 갖추고 있어 밤에는 불이 들어와요. 주체사상탑은 북한을 방문하는 모든 외국인이 꼭 찾아가 보는 장소이며, 높이가 높아서 평양 어느 곳에 서든지 잘 보인답니다.

북한의 조직 문화와 생활 총화

북한에서는 9살 때부터 모든 주민이 조직에 소속된 생활을 해요. 조직은 조선 소년단, 김일성-김정일주의 청년 동맹, 조선 직업 총동맹, 조선 농업 근로자 동맹,

북한 권력의 중심 : 조선 노동당

북한을 다스리는 최고 권력 기구는 조선 노동당이에요. 1945년에 조선 공산당 북조선 분국이란 단체에서 출발했지요. 다음 해인 1946년에는 북조선 공산당으로, 그해 8월에는 조선 신민당과 합당하여 북조선 노동당으로 이름을 바꾸었어요. 남북한이 분단된 뒤에는 남조선 노동당과 통합하여 조선 노동당이 되었어요.

조선 노동당의 로고에는 노동자를 의미하는 망치, 농민을 뜻하는 낫, 그리고 지식인을 대표하는 붓이 그려져 있어요. 조선 노동당을 만들던 당시에 북한의 여러 분야를 일으킬 인재가 필요했다는 것을 알 수 있지요.

당시 사람들은 일제 강점기에 학교를 다닌 대부분의 지식인 계층을 나쁜 시선으로 보기도 했어요. 그러나 노동당 로고에 붓을 넣을 만큼 지식인을 중요하게 여겼지요.

평양에 조선 노동당 창건 기념탑이 있는데, 노동자와 농민, 지식인이 망치와 낫, 붓을 쥐고 있는 형상이랍니다.

조선 노동당 창건 기념탑

전승 기념일이 있는 7월이면 학교에서는 전쟁에 참여했던 어르신들을 위해 위문 공연도 하고 작은 기념품도 증정해요.

8월 >>> 북한의 대명절인 광복절이 있는 달이에요. 제2차 세계 대전의 종전과 해방을 기념하여 크고 작은 경축 행사가 열려요. 광장에 모여 춤을 추기도 하고, 폭죽을 터뜨리기도 해요.

퍼레이드를 구경하는 평양 사람들

9월 >>> 북한 정권이 탄생한 명절인 9월 9일이 있는 달이에요. 군인들이 열을 맞춰 행진하는 열병식 행사를 하기도 해요. 사회주의 체제가 강했던 1990년대 전까지는 행사를 크게 열었지만, 현재는 가을걷이를 더 중요하게 생각해요.

10월 >>> 10월 10일은 조선 노동당이 세워진 날이에요. 전승 기념일이나 광복절처럼 퍼레이드를 크게 열거나 연극, 연주와 같은 예술 공연을 열어요. 10월엔 북한 전역에서 가을걷이가 한창이므로, 당 창건 기념일 행사를 매년 챙기지는 않는답니다.

정치 65

대회, 소년단 연합 단체 대회 등이 진행돼요.

반미 투쟁 집회 중인 청년 동맹

6월 >>> 6·25 전쟁이 일어난 달로, 반미* 투쟁의 달로 정해 놓고 있어요. 해마다 미국을 성토*하는 크고 작은 대회들이 전국에서 진행되는데, 2019년에는 그런 행사가 없었다고 해요. 2018년 4월에 있었던 남북 정상 회담과 6월에 싱가포르에서 열린 북미 회담의 영향으로 북한 사회에서도 작은 변화가 있다는 의미지요.

조선 소년단 창립일인 6월 6일에는 소년단 전국 연합 단체 대회도 진행된답니다.

전승 기념일 행사 퍼레이드

7월 >>> 전승 기념일(정전 협정일 : 6·25 전쟁을 잠시 멈추기로 정한 날)이 있는 달이에요. 이달에는 학교에서 주변에 사는 전쟁 참가자와의 만남을 통해 6·25 전쟁 때 나라를 지키기 위해 싸운 선대들의 투쟁을 돌아보는 시간을 가지기도 해요.

★ **반미** 미국에 반대하는 것.
★ **성토** 여러 사람이 모여 국가나 사회에 끼친 잘못을 따지고 나무라는 것.

정치 행사 및 시기별 일반 행사

북한은 개인보다 집단(공동체)을 더 중요하게 여기는 사회주의 국가예요. 그래서 나라에서 크게 치르는 행사들이 정말 많지요. 어떤 행사가 있는지 알려 줄게요!

1월 >>> 주민들은 새해 첫 일과가 시작되는 날 학교, 기관, 일터에 모여 충성의 선서 모임을 해요. 충성의 선서는 새해에도 당과 지도자에게 충성을 다하겠다고 결심하는 새해 첫 정치 행사예요.

2월 >>> 김정일 위원장의 생일인 2월 16일은 광명성절이에요. 북한에서는 이날을 국가적 명절로 정했답니다. 이날에는 영화 문헌 학습, 문답식 경연, 회고* 문헌 학습, 충성의 노래 모임, 김정일 회고 노래 모임, 기념 강연회 등 각종 행사가 열려요.

광명성절 기념 수중 체조 무용 공연

4월 >>> 김일성 주석의 생일인 4월 15일은 태양절이에요. 광명성절처럼 다양한 행사가 열려요. 각종 정치 학습과 강연회, 영화 문헌 학습, 충성의 노래 모임, 김일성 회고 노래 모임, 단체별 경축 행사와 체육

★ 회고 과거에 있었던 일을 돌이켜 생각함.

북한의 국가명과 지도자 세습

북한의 공식 나라 이름은 '조선 민주주의 인민 공화국'이에요. 처음에 나라가 세워졌을 때는 최고 지도자를 수상이라고 불렀어요. 그러다 1972년에 열린 최고인민회의(북한의 최고 권력 기관)에서 사회주의 헌법을 채택하면서 주석이라고 부르기 시작했어요. 나라의 여러 행정 분야를 여러 사람이 나눠서 책임지는 수상제와는 달리, 주석제는 주석이 나라 전체에 절대적인 권력을 행사할 수 있는 제도이지요.

북한의 지도자는 김일성 주석과 김정일 위원장, 그리고 김정은 위원장으로까지, 3대째 이어져 오고 있어요. 북한의 1대 최고 지도자인 김일성 주석은 북한 정부가 처음 세워진 1945년부터 죽은 해인 1994년까지 활동했어요. 그의 아들인 김정일 위원장은 1994년부터 2011년까지 북한을 이끌었어요. 현재 북한의 지도자인 김정은 위원장은 김정일 위원장의 아들이에요. 이렇게 아버지가 아들에게 권력을 물려주는 행위를 부자 세습이라고 해요. 권력의 세습은 독재 정치*를 더욱 강력하게 만들지요.

김일성, 김정일, 김정은으로 이어지는 북한의 3대 세습

★ **독재 정치** 한 나라의 권력을 한 사람이 모두 차지하고 자기 마음대로 하는 정치.

은심이 말로는, 북한의 기념일은 민속 명절과 국가적 명절로 나뉜다고 했어요. 전에 살펴본 설날, 추석 등은 민속 명절이고, 이번 태양절은 국가적 명절 중 하나였지요.

"근데 김일성 주석의 생일이 왜 명절이야?"

"김일성 수령님은 우리에게 태양 같은 존재라서 그래. 김정일 장군님의 생일인 2월 16일도 광명성절이라고 해서 명절에 속하고."

나라를 이끄는 지도자의 생일이 큰 명절이라니, 지호는 우리나라와 다른 북한의 명절 문화가 신기했어요. 게다가 주석, 수령, 장군 등 북한 지도자를 부르는 호칭이 참 다양하다고도 생각했지요. 은심이는 설날이나 추석처럼, 국가적 명절 때도 떡과 국수 등을 명절 음식으로 먹는다고 했어요.

"내레 아침에 행사에 늦을까 봐 조급해서 아침밥을 대충 먹고 나가지 않았겠니? 하루 종일 밥을 제대로 못 먹어서 힘들었는데, 집에 와서 엄마가 차려 준 맛있는 명절 음식 먹고 힘이 났어."

맛있는 명절 음식을 많이 먹어서 그런가, 은심이의 기분이 평소보다 매우 좋은 것 같았어요. 지호의 기분도 덩달아 좋아졌답니다.

태양절 기념으로 떡이랑 국수랑 만두랑 잔뜩 만들어 먹었어. 오늘은 큰 명절이니까!

게 중요한 사람이에요? 우리나라에서는 대통령 생일 안 챙기잖아요."

"북한에서는 김일성을 거의 신처럼 떠받들고 있거든. 아빠도 북한 정치 체계에 대해서는 잘 모르는데, 하여간 우리나라랑 많이 달라."

아빠가 얼렁뚱땅 넘어가려는데 엄마가 설명을 덧붙였어요.

"가장 큰 차이는 그거야. 우리나라는 국민들이 선거를 통해 대표를 고르는데, 북한은 권력을 쥔 한 사람이 대표 자리를 대대로 자식들에게 물려줄 수 있거든. 그래서 김일성, 김정일, 김정은이 대를 이어서 북한의 지도자가 된 거지."

아빠 엄마의 설명을 듣긴 했지만, 그래도 북한의 정치 상황을 이해하긴 어려웠어요. 뉴스가 끝나고 딸기도 배불리 다 먹은 뒤, 지호는 방으로 돌아와 은심이에게 곧장 메시지를 보냈어요.

"북한에서는 김일성 주석의 생일인 4월 15일을 태양절로 지정하여 매년 큰 행사를 여는데요, 오늘은 어떤 행사가 있었을까요? 북한의 오늘 하루를 살펴봅니다."

지호는 태어나서 처음으로 진지하게 뉴스를 보기 시작했어요. 뉴스에서는 붉은 스카프를 두른 조선 소년단의 모습이 나왔어요.

"우아, 진짜 다들 붉은 스카프를 하고 있구나. 신기하네."

"우리 지호, 다른 뉴스는 관심도 없더니, 북한에 대해서는 관심이 좀 있구나?"

"친구에게 들은 게 생각나서요. 북한 애들은 아홉 살 때 조선 소년단에 가입한대요. 붉은 스카프가 소년단의 상징이라고요."

"그래? 지호가 아빠보다 북한에 대해 더 잘 아네, 하하!"

뉴스에서는 조선 소년단 입단식 장면에 이어 전국 무도 선수권 대회, 청년 학생들의 경축 무도회, 만경대상 국제 마라톤 대회 등 여러 기념행사 소식을 전했어요.

뉴스를 보던 지호는 뭔가 이상하다는 느낌을 받았어요. 우리나라에서는 대통령 생일이라고 해서 크게 행사를 하거나 시끌벅적하게 보내진 않으니까요. 심지어 김일성 주석은 살아 있지도 않은데 말이에요.

"아빠, 근데 죽은 주석의 생일은 왜 챙기는 거예요? 김일성이 그렇

3 정치
태양절이 무슨 날이라고?

"우아, 내가 좋아하는 딸기다~!"

지호가 접시에 가득 담긴 딸기를 보고 신이 나서 외쳤어요. 아빠가 퇴근길에 먹음직스러운 딸기를 사 온 거예요.

"뉴스 보면서 먹을까?"

아빠가 텔레비전을 켜며 말했어요. 엄마 아빠는 매일 뉴스를 봐요. 세상에 어떤 일이 일어났는지 매일매일 확인해야 한다나 뭐라나……. 지호는 재미있는 예능 프로그램을 보고 싶었지만, 꾹 참고 스마트폰을 보면서 딸기를 먹었어요.

"이번엔 북한 사람들의 생생한 생활 모습을 살펴보는 '북한의 오늘' 시간입니다."

지호는 뉴스에서 들리는 북한 사람이라는 말에 귀를 기울였어요.

동천호 식당

아카시아꽃설기

아카시아꽃튀기

아카시아꽃을 이용해 음식을 만드는 식당이에요. 산에서 자라는 아카시아를 직접 따서 볶음, 무침, 절편, 튀김 등 70가지가 넘는 다양한 음식을 만들지요.

락원식당

닭고기 전문 식당으로 치킨, 닭찜 등을 팔고 있어요. 2008년에 우리나라 사업가가 건너가 세운 식당이라 한국식 치킨을 팔고 있지요. 안타깝게도 이 사업가는 2010년에 남북 교역이 끊기면서 더 이상 사업장에 찾아갈 수 없게 되었어요. 하지만 지금도 락원식당을 찾는 평양 손님들의 발길은 계속된다고 해요.

대동강 수산물 식당

대동강 강변에 있는 식당으로, 물 위에 떠 있는 배 모양으로 지어졌어요. 1층에는 실내 수조와 낚시터가 있고, 2~3층에는 싱싱한 수산물 요리를 먹을 수 있는 식당이 있답니다.

더 알아보기
통일이 되면 꼭 가야 할 평양 맛집

우리나라 속담 중에 '금강산도 식후경'이라는 말이 있어요. 여행지에 가면 볼거리도 중요하지만, 그것도 배가 고프면 아무 소용없다는 뜻이지요. 통일이 되어 평양에 놀러 간다면 어떤 음식을 먹을까요?

옥류관

역시 평양 하면 평양냉면이 가장 유명하겠지요. 평양냉면 음식점 중 가장 유명한 곳은 옥류관이에요. 1961년 8월 15일에 문을 열어, 현재까지도 많은 사람이 찾는 맛집이지요. 하루에 냉면 판매량이 약 12,000그릇이라고 하니 얼마나 대단한지 알겠지요?

평양냉면

향만루

북한과 중국이 함께 운영하는 중국요리 전문점이에요. 만 가지 향을 풍긴다는 의미를 담은 이름이지요. 대표 메뉴는 된장을 넣어 만든 된장 짜장이랍니다.

된장 짜장

곳곳에서 작은 규모의 개인 배달이 유행하기 시작했어요. 2010년대부터는 장마당(4화에서 자세히 알려 줄게요!)에서 물건을 구입할 경우에 가정집까지 배달을 해 주는 문화도 생겼어요. 몇몇 식당에서도 배달을 해 주고 있어요. 처음엔 단골손님을 위한 서비스에서 시작되었다고 해요. 식당이나 매점에서는 인건비를 줄이기 위해 배달원을 따로 고용하지 않고 식당 직원들이 가져다준다고 해요.

  북한에서 다시 배달 문화가 활성화되는 데 가장 큰 역할을 한 건 휴대 전화예요. 휴대 전화가 없었을 때는 주문을 할 수 없으니 배달도 할 수 없었지요. 물론 배달이 가능할 거라는 생각조차 못 했고요. 하지만 휴대 전화가 널리 사용되자 북한 사람들도 편리하게 살아가는 방법을 하나하나 만들기 시작한 거예요.

다문화 가정과 외국인

북한은 다문화 가정이 별로 없어요. 1970년대부터 1980년대까지는 일본에서 온 재일본 조선인, 그리고 중국 국적과 한국 국적을 동시에 지닌 중국 화교들이 북한 내 유일한 외국인이었어요.

오랜 기간 동안 다른 나라와의 문화 교류가 끊긴 상태였기 때문에 다른 문화를 접할 기회도 별로 없었지요. 평양처럼 큰 도시에 사는 주민이 아니라면 외국인을 볼 기회가 거의 없기 때문에 외국인을 보면 신기해한답니다.

북한의 배달 문화 : 주문 봉사

배달 문화가 빠르게 발전하고 있는 우리나라와 달리, 북한의 배달 문화는 최근에서야 막 유행하기 시작했어요. 이러한 배달 서비스를 북한에서는 주문 봉사라고 부르지요. 하지만 북한의 배달 문화도 따지고 보면 꽤 오래전부터 있긴 했어요.

1960년대부터 우체국 배달부가 편지를 배달해 줬고, 1970년대부터는 소포도 배달됐어요. 그러다 1990년대 중반에 경제가 어려워지자 배달 문화가 거의 사라졌지요.

힘들었던 시기를 넘기고 경제 사정이 나아지자 2000년대부터 북한

러나 반려동물로 생각하기보다는 주로 먹기 위해 키우는 가축으로 여기지요. 북한에서 기르는 가축은 소, 돼지, 염소, 양, 토끼, 닭, 거위, 오리 등이 대표적이에요.

북한 사람들은 잡아먹으려고 키우는 가축 중에서 소를 제외한 나머지 동물은 오래 키우지 못한다고 해요. 소는 다른 동물에 비해 경제적으로 활용 가치가 높기 때문에 10년 이상 키워요. 짧게 키우는 다른 동물에 비해 사람들과 오랜 시간을 보내는 것이지요.

최근 북한에서 많이 키우기 시작한 동물은 염소예요. 2000년대 초부터 나라에서 염소 사육을 적극적으로 권해서 곳곳에서 염소를 쉽게 볼 수 있지요. 염소가 많

북한 정부에서 만든 염소 기르기 홍보용 포스터

아지자 우유도 많이 생산되고 있답니다.

요즘엔 금붕어나 거북이를 키우는 가정도 늘고 있다고 해요. 의료 시설이 부족하기 때문에 북한 주민들은 민간요법*을 많이 사용해요. 금붕어와 거북이를 먹으면 질병 치료에 도움이 된다는 근거 없는 소문이 퍼지면서 많은 가정에서 키우기 시작했답니다.

★ **민간요법** 사람들 사이에서 예로부터 전해 내려오는 치료법.

평양 지하철에는 역마다 안내원이 있어요. 평양 지하철은 평양 지하철 총국에서 관리하는데, 행정 구조가 군대식으로 되어 있어요.

총 16개 역으로 되어 있는 평양 지하철은 평양시에 거주하는 수많은 사람들의 대중교통으로 사랑을 받고 있답니다.

북한 지하철 안내원

반려동물과 가축

북한 사람들은 아직까지는 반려동물을 키우는 것이 일반적이지 않아요. 하지만 형편이 좋은 가정에서는 1990년대 말부터 키우기 시작했어요. 북한 사람들의 대표적인 반려동물로는 우리나라와 마찬가지로 개와 고양이가 있어요.

경제적으로 여유가 생기기 시작한 2010년대에는 반려견을 키우려는 가정들이 조금 늘긴 했어요. 그러나 여전히 흔하진 않아요.

북한 사람들은 동물들과 꽤 친숙한 생활을 하고 있어요. 그

농사를 지을 때 소가 있으면 매우 큰 도움이 돼.

했어요. 써비차는 많은 수의 사람과 짐을 옮기는 트럭으로, 현재까지도 북한 사람들의 중요한 이동 수단이에요. 2010년대에는 대형 버스 써비차가 생겼고, 시골에서는 승합차 규모의 써비차가 생겼지요.

평양의 택시

2010년대에 시장 경제가 발전하면서 북한 사람들의 생활 수준은 전반적으로 많이 올라갔어요. 그래서 자연스럽게 택시를 이용하는 사람들도 늘고 있답니다. 최근에는 도시를 중심으로 택시가 증가하고 있어요. 심지어는 전화로 택시를 부르는 콜택시도 있고 긴 거리를 달리는 장거리 택시도 있어요.

북한에도 지하철이 있어요. 가장 깊은 역은 에스컬레이터를 타고 지하 200미터까지 내려가야 해요. 북한의 지하철은 평양에만 있어요. 이곳은 서울 지하철보다 1년 앞선 1973년에 개통됐어요. 노선은 딱 두 선이 있는데, 한국처럼 숫자로 부르지 않고 혁신선, 천리마선으로 이름을 붙여 부른답니다.

화려한 인테리어로 지하 궁전이라고도 불리는 평양의 부흥역

지하철은 평양에만 있다 보니 지방에서 어쩌다 평양으로 올라온 사람들은 환승역에서 헤매기도 하지요.

결하면 어떤 일이 벌어질까요? 우린 아마 북한 지역을 거쳐 중국을 지나 유럽까지도 이동할 수 있을 거예요. 유럽 여행을 기차로 할 수 있다니 생각만 해도 좋네요.

이 외에도 몇몇 지역에는 학생들을 위한 열차도 다니고, 짧은 구간을 운행하는 열차도 있어요. 이런 열차들은 주로 등교 시간과 하교 시간, 점심시간 등에만 운행하지요.

레일 위를 달리는 평양의 궤도 전차

큰 도시에는 버스나 궤도, 무궤도 전차 등이 다녀요. 특히 평양의 궤도, 무궤도 전차는 주민들의 중요한 이동 수단이랍니다.

써비차의 초기 모습

대형 버스 써비차

북한은 1990년대에 경제적으로 매우 어려운 시기를 보냈어요. 특히 당시에는 전기 공급이 원활하지 않아 거의 모든 교통수단을 이용할 수 없었지요. 대중교통이 꼭 필요한 주민들에게는 매우 곤란한 상황이었어요. 북한에는 개인 승용차가 거의 없었기 때문이에요.

대중교통이 마비되자 북한 사람들은 '써비차(서비스차)'라는 것을 운행하기 시작

나물과 장

북한 사람들은 자연에서 나는 많은 식물을 식재료로 활용해요. 봄이면 영채(큰다닥냉이), 두릅, 쏙새 등 다양한 산나물이 마을 근처에 가득하지요. 부지런한 사람이 있는 가정에서는 첫 봄나물을 맛볼 수 있어요. 여름이면 송곳나물, 곰취, 고비고사리, 참나물, 잔대, 산골취, 감자나물 등 수십 가지의 산나물들이 국과 반찬으로 밥상에 오른답니다.

김치 말고 우리 민족이 잘 먹는 식재료가 또 있지요. 바로 장이에요. 지역별로 고추장만 담그는 지역도 있고 막된장을 담그는 지역도 있어요. 북한 사람들은 북쪽으로 갈수록 음식에 매운 것을 많이 넣어 먹는데요. 이 특징은 장을 담그는 데서도 나타나요. 남쪽으로 내려오면서 평안도와 황해도 지역에서는 고추장보다 막된장과 간장을 더 많이 먹어요.

북한의 대중교통

북한의 대중교통은 어떨까요? 우리나라처럼 기차가 있긴 하지만 우리의 고속 열차에 비하면 매우 느린 편이에요. 그래도 철도망이 서해안, 동서해안, 동해안 등 곳곳으로 뻗어 있어요.

만약 남북한이 통일이 되어 철도망을 연

도의 김치는 가자미나 명태, 오징어 등 해산물을 많이 넣는 것이 특징이에요. 함경도의 가자미식해는 정말 명품이지요.

평안도, 황해도 지역에서는 고춧가루를 적게 넣거나 소금으로만 간을 맞춘 백김치를 주로 먹어요. 백김치는 사이사이에 통무를 함께 넣어 더 깊은 맛이 나요. 지금도 봄날이면 쩡한* 맛을 내는 백김치 국물에 말아 먹던 국수가 생생하게 떠오른답니다.

김치는 북한 사람들의 경제 수준을 짐작해 볼 수 있는 음식이에요. 경제 수준에 따라 맛과 형태가 다르기 때문이에요. 가정 형편이 어려운 집은 배추의 겉잎까지 다 썰어서 시래기김치를 한두 독 담그고, 경제적으로 여유가 있는 집에서는 통배추김치와 깍두기, 채김

치, 오이김치, 파김치 등 여러 종류의 김치를 담그며, 김치에 다양한 해산물도 넣고 소뼈를 우려서 김칫국으로 만들기도 해요. 김치 이야기를 했더니 입안에 군침이 살살 도네요! 통일이 돼서 우리 모두가 남북의 특색 있는 김치를 맛보는 날이 왔으면 좋겠어요.

★ **쩡하다** 정신이 번쩍 들 정도로 자극이 심함.

싱겁게 담가요. 우리나라는 김치를 오래 저장해 놓고 먹기 위해서 배추를 소금에 절인 뒤에 김치를 담가요. 반면에 북한은 기온이 낮기 때문에 저장하는 데 큰 어려움이 없어 소금과 고춧가루를 적게 넣지요. 게다가 김치를 시원한 국물과 함께 먹는 것을 좋아하므로 물을 많이 넣어 만들어요. 따라서 우리나라 김치는 맵고 짜지만, 북한의 김치는 싱거운 것이 특징이랍니다.

아래 두 사진은 양강도에서 만든 김치예요. 왼쪽은 배추김치, 오른쪽은 명태식해예요. 명태식해란 말린 명태를 무채, 고춧가루 등의 양념에 넣고 버무려서 만든 음식이에요. 매콤새콤한 맛 때문에 북한의 밥도둑이라 불리지요.

북한의 김치는 지역별로 조금씩 재료가 달라요. 북부 고산 지대인 양강도와 함경도에서는 배추김치, 무김치, 총각김치 등 다양하게 만들어 먹어요. 여름엔 참나물김치, 초가을엔 양배추김치도 먹지요.

생선이나 젓갈을 많이 넣지 않는 양강도 지역의 김치와 달리, 함경

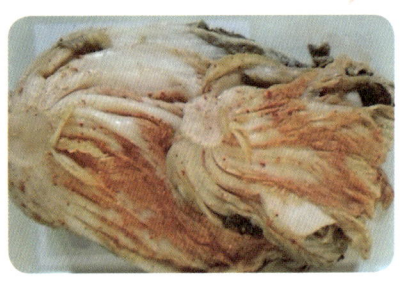
양강도 배추김치

명태식해

북한에서는 보리밥도 많이 해 먹어요. 특히 높은 산악 지대인 고산 지대로 갈수록 더 많지요. 하얗게 껍질을 벗긴 보리쌀에 감자와 밀쌀을 섞어서 밥을 지으면 밥이 부드럽고 맛있지요.

평안남도 이남 지역에서는 대부분 노란색이 나는 옥수수밥을 먹어요. 김이 모락모락 나는 옥수수밥에 이 지역의 대표 반찬인 백김치를 곁들여 먹지요.

우리나라 사람들은 한 끼에 밥 한 공기면 충분하지만, 북한 사람들은 몸으로 하는 노동을 많이 하기 때문에 밥을 많이 먹어요.

> **TIP 북한의 국민 간식 속도전떡**
>
> 속도전떡은 옥수숫가루를 높은 압력으로 쪄서 동그랗게 뭉친 뒤, 콩가루에 굴려 먹는 음식이에요. 만드는 속도도, 먹는 속도도 빠르다 하여 붙여진 이름으로, 펑펑이 떡이라고도 해요.
>
>

김치 이야기

밥 이외의 식품으로는 반년 식량이라 불리는 김치가 대표적이에요. 북한에서는 '김장 전투'라는 말이 있을 정도로 김치를 중요하게 여겨요. 우리나라와 북한의 김치는 같은 것 같지만 조금 달라요. 우리나라에서는 김치에 양념을 많이 넣지만, 북한에서는 양념을 적게 넣어

북한 사람들은 무엇을 먹을까? : 주식

북한 사람들의 주식은 밥이에요. 그리고 밥상에는 국이 늘 있어요. 항상 같이 붙어 다니는 친구들을 가리켜 '국과 밥'이라고 할 정도예요. 국은 지난해에 말려 둔 배춧잎과 무시래기, 그리고 지역에 따라서 감자나 수산물 등을 넣어 만들어요.

양강도는 감자가 많이 나는 지역이어서 감잣국을 자주 먹고, 양배추로도 국을 끓여 먹어요.

옥수수밥과 옥수수죽

우리는 보통 쌀밥을 먹지요? 북한 사람들이 먹는 밥은 색깔이 좀 달라요. 지역에 따라 노란색도 있고 회색을 띠기도 해요. 노란색 밥은 옥수수를 넣어 지은 밥이고, 회색 밥은 밀이나 보리, 감자 등을 섞어서 지은 밥이지요. 가난한 가정에서는 주로 노란 옥수수밥(강냉이밥)을 먹어요.

도시와 농촌의 차이도 식생활에서 찾아볼 수 있어요. 도시에 사는 사람들은 대부분 장사하여 돈을 버는데 쌀과 옥수수를 반씩 섞은 밥을 먹는 것이 보통이에요. 농촌 지역에서는 농사지은 것으로 생계를 해결해요. 그러므로 쌀을 적게 생산하는 곳에서는 잡곡밥을 주로 해 먹고, 쌀이 많이 나는 지역은 쌀을 다른 물건과 교환하여 생활에 필요한 물건을 마련해요.

북한 사람들은 쉴 때 무엇을 할까? : 여가 생활

북한 주민들은 여가 생활을 즐기는 문화가 일반화되어 있지 않아요. 사람의 기본 욕구인 먹는 문제가 제대로 해결되지 않았기 때문이에요.

하지만 그 속에서도 주민들은 소소한 휴식을 즐기고 있어요. 주민들의 여가 생활은 주로 명절 때 찾아볼 수 있어요. 여럿이 모여 노래하고 춤을 추거나, 산에 올라가 간식도 먹고 경치도 즐기지요.

북한의 땅은 대부분 개발이 안 된 상태예요. 도시를 벗어나면 바로 자연과 마주하게 되지요. 그래서 꽃 피는 계절에는 꽃구경을 가는 사람이 많아요. 특히 진달래꽃과 산딸기꽃이 많이 피는 5~6월에는 야산에 많은 사람이 몰리지요.

아이들은 쉴 때 보통 책을 읽거나 음악실에서 노래를 하고 악기를 연주해요. 홀로 자유롭게 즐기는 것보다는 여러 친구와 함께 시간을 보낸답니다.

평양 중앙 동물원

평양 개선 청년 공원 유희장(놀이공원)

대표적인 가정 행사 : 관혼상례

관혼상례는 관례, 혼례, 상례를 뜻하는 말이에요. 관례는 옛날에 성년이 되어 어른이 됐음을 알리던 행사로, 남자는 머리에 상투를 틀어 갓을 썼고 여자는 머리에 쪽을 틀어 올렸지요. 요즘엔 사라진 문화예요. 우리나라에서는 성년의 날(매년 5월 셋째 월요일)로 이어졌지만, 북한에서는 따로 챙기지 않아요. 우리나라의 주민 등록증에 해당하는 '공민증'을 받으면 자연적으로 성인으로 여겨요.

혼례는 결혼식을 뜻해요. 서양 문화가 많이 들어온 우리나라와 달리 북한에서는 요즘에도 전통 혼례를 치르는 경우가 많아요. 결혼식 때 신랑은 양복을, 신부는 한복을 입어요. 최근에는 북한에 웨딩드레스가 알려지면서 신부의 한복 색상이 진한 색에서 흰색으로 변하고 있답니다.

상례는 장례를 뜻해요. 북한에서는 1980년대까지는 전통적인 방식으로 장례를 진행했으나, 1990년대에 들어서면서 전통문화가 하나 둘 자취를 감췄어요. 우리나라와 다른 점이 있다면 북한에서는 시신을 집으로 옮긴 뒤, 집에서 장례를 치른답니다.

결혼하는 신랑, 신부

가을걷이를 하려는 사람들도 많이 있어요. 이럴 때 쓸쓸한 이들의 마음을 조금이나마 달래 주는 것이 이웃끼리 나누어 먹는 추석 음식이랍니다.

우리나라에서의 추석 차례상은 열에 맞춰서 동쪽 서쪽에 어떤 음식을 놓아야 하는지 잘 전해 내려오고 있어요. 반면에 북한은 오랫동안 차례를 지내지 않았기 때문에 차례상 문화가 제대로 전해지지 못했어요. 그래서 지역마다, 가정마다 다 다르게 차리고 있어요.

우리나라에서는 추석 차례상에 가장 중요한 음식이 송편이지만, 북한에서는 메밥*이 가장 중요해요. 주로 한 해 동안 정성 들여 가꾼 농산물로 상을 차리며, 중앙에 메밥과 국을 놓고 주변에는 고인(죽은 사람)이 살아 있을 때 좋아했던 음식을 순서대로 놓아요.

차례 지낼 때 절을 하는 횟수도 지역과 가정마다 다 달라요. 두 번 절을 하고 반절을 하는 우리나라와 달리, 북한은 세 번 하는 곳도 있고 네 번 하는 곳도 있답니다.

산소에서 차례 지내는 북한 사람들

★ **메밥** 메벼를 찧어 얻은 멥쌀로 지은 밥으로, 낟알에 찰기가 없음.

이 말은 씨붙임(논밭에 씨앗을 뿌리는 일)을 하는 봄보다 가을걷이를 하는 가을이 더 중요하다는 뜻이에요. 그만큼 북한에서의 추석은 가을걷이의 상징으로, 매우 중요한 시기랍니다.

두 번째는 동원이에요. 가을은 집집마다 가을걷이를 해야 해서 중요하기도 하지만, 지역이나 단체에서도 이 시기에 한 해의 생산 실적을 점검하므로 중요한 때예요. 그래서 전국적으로 가을걷이를 위한 농촌 동원 명령이 내려져요. 농촌 지역에 동원되면 엄격한 감시 속에서 농사일을 하게 되지요.

세 번째는 그리움이에요. 북한은 이사를 자유롭게 할 수 없어요. 그래서 한 고장에서 대대손손 사는 것이 일반적이지요. 그러나 일자리를 위해 고향을 떠나 먼 곳의 농장이나 탄광, 광산 등에서 일하며 생활하는 사람들도 있어요. 이들은 명절이라고 해서 자유롭게 고향에 찾아갈 수 없답니다. 가을걷이에 동원되어야 하므로 허가증을 발급받기 어려워요. 게다가 교통수단이 부족하여 이동이 자유롭지 않기 때문에 대부분 현재 살고 있는 곳에서 추석을 맞이해요.

그런 사람들은 고향 생각이 얼마나 많이 날까요? 고향을 그리워하며 슬퍼하느니 차라리 밭에 나가

추석 >>> 우리나라에서의 설이나 추석을 생각하면 민족의 대이동이라는 말과 함께 꽉 막힌 고속도로가 떠올라요. 하지만 북한에서는 이런 현상이 일어나지 않아요. 그 대신 가을걷이(추수), 동원, 그리움이란 단어가 떠올라요. 왜 그런지 살펴볼까요?

북한에서는 1990년대 중반에 극심한 식량 부족을 경험한 뒤 각 가정마다 스스로 생계를 이끌어 나가려는 마음이 강해졌어요. 북한 주민들이 흔히 하는 이야기 중에 '자력갱생'이라는 말이 있어요. 이는 다른 사람에게 의지하지 않고 스스로 노력하여 어려운 상황에서 벗어나 더 나은 삶으로 나아간다는 뜻이지요. 이런 자력갱생의 바탕에는 '부지런함'이 있어요. 가을이 오면 누구나 부지런하게 일하여 그동안 가꾸어 왔던 곡물을 거두어들이지요.

우리나라에서는 추석 때 며칠씩 연휴를 보내지만, 북한에서는 대부분 추석 당일 하루만 쉬어요. 어떤 주민들은 오전에 차례를 지내고, 오후에는 잘 익은 곡식을 거두어들이는 가을걷이에 나서요.

북한에 이런 말이 있어요. 가을에 꼭 새겨야 하는 말이기도 하지요.

"봄에 하루 놀면 겨울 하루가 힘들지만, 가을에 하루 놀면 겨울 열흘이 힘들다."

은 나물로 반찬을 만들고 오곡밥과 명길이국수를 만들어 먹어요. 정월 대보름날 아침에는 귀밝이술을 마시지요.

오곡밥과 나물

묵은 나물이란 전해에 말린 나물 재료로, 고사리, 취나물, 고구마순, 더덕 등이 있어요. 이 나물들이 더위를 막는다고 믿지요.

오곡밥은 다섯 가지 곡식을 섞어 지은 밥이에요. 보통 쌀, 찰수수, 차조, 보리, 팥 등이 사용되는데 지역별로 조금씩 다르답니다. 명길이국수는 수명이 길어지길 빌면서 먹는 음식으로, 기다란 국수 가락처럼 오래 살길 바라는 마음으로 먹어요.

귀밝이술은 귀를 잘 들리게 한다고 믿는 찬술이에요. 여기에 빠지지 않는 음식이 있는데, 바로 이를 튼튼하게 해 준다고 믿는 갱엿이에요. 갱엿은 푹 고아서 그대로 굳혀 단단하게 만든 검붉은 빛의 엿이지요.

또 밤에는 우리처럼 소원을 빌어요. 달을 맨 먼저 보는 사람의 소원이 이루어진다는 설이 있어서 어떤 사람들은 아예 지붕 위에 올라가 있기도 하지요.

평양의 대동강에서 정월 대보름에 달을 구경 중인 사람들

북한 사람들은 달이 뜨기 한 시간 전부터 달을 볼 수 있는 장소에 모여 기다리기도 해요.

놀이가 제일이지요.

윷놀이를 하다 보면 가족이나 이웃끼리 더욱 가까워질 수 있어요. 남한에서는 흔치 않은 풍경이지만, 북한에서는 가족뿐만 아니라 이웃과 함께 윷놀이 등을 즐기며 명절을 보내는 것이 일반적인 문화예요.

이날은 이웃끼리 서로 음식을 나눠 먹으면서 새해의 경제 상황, 가족의 건강 등이 나아지기를 빕니다.

특히 아이들이 설날을 더 좋아하는데요. 이는 바로 세뱃돈이 생기기 때문이에요. 이날은 집안 어른들과 이웃집 어른들에게 받은 세뱃돈으로 종일 기쁨이 가시지 않지요.

정월 대보름 >>> 음력으로 한 해의 첫째 달에 보름달이 뜨는 날을 정월 대보름(음력 1월 15일)이라고 해요. 북한에서는 정월 대보름도 음력설과 같이 2003년에 명절로 지정되었어요.

북한 사람들은 정월 대보름 전날에 묵

달님~ 꼭 통일이 되어서 지호를 만날 수 있게 해 주세요.

우리나라의 설 명절 대표 음식은 떡국이에요. 우리는 설날에 떡국을 먹어야 나이를 한 살 먹는다고 생각하지요. 북한에서도 개성이나 평양에서는 설 명절에 떡국을 먹긴 해요. 하지만 다른 지역에서는 주로 송편이나 만두, 녹두지짐 등을 먹어요. 특이한 점은 송편에 콩이나 깨를 넣는 것이 아니라 채소를 넣는답니다.

우리나라와 북한은 새해 인사말도 달라요. 우리나라에서는 새해가 밝으면 "새해 복 많이 받으세요."라는 말을 주고받아요. 북한에서는 "새해를 축하합니다."라고 해요. 둘 다 좋은 말임에는 틀림없지요.

북한의 설 문화는 지역별로 조금씩 다르지만 대부분 비슷한 모습을 보여요. 북한 사람들은 새해 첫날에 집에 들어오는 첫 사람이 남자여야 그 해가 잘 풀린다고 믿어요. 그래서 여자들은 오전에는 밖에 나가지 않지요. 또한 세배도 남자들이 먼저 하고, 그다음에 여자들이 한답니다.

우리나라에서는 설에 전통적으로 윷놀이나 연날리기 등을 하는데요. 이는 북한에서도 마찬가지예요. 분위기 띄우는 데는 뭐니 뭐니 해도 윷

북한의 민속 명절

1946년, 북한에서는 낡은 제도를 없앤다는 이유로 양력설(신정)만 남기고 다른 민속 명절을 모두 없앴어요. 그러다 1989년에 음력설(구정), 추석 등을 다시 명절로 정했지요. 북한에서는 민속 명절에 무슨 일을 하는지 살펴볼까요?

양력설과 음력설

2000년 이후 남북한의 교류가 활발해졌을 무렵, 북한에서는 남한이 음력설을 크게 쇠고 있다는 사실에 주목했어요. 그러다 아예 2003년에 음력설을 공식적인 설 명절로 정했지요. 하지만 아직도 북한 주민들은 음력설보다 새해가 시작되는 양력설을 더 중요하게 생각해요. 오랫동안 음력설을 지내지 않았기 때문이지요.

식량이 부족하던 1990년대 중반, 주민들은 새해 첫날에 잘 먹어야 그 해에는 먹을 고생을 덜한다고 믿었어요. 그래서 양력설을 더 중요하게 생각하기도 한답니다. 웃어른께 세배를 드리고 덕담*을 나누는 일도 주로 양력설에 볼 수 있는 풍경이에요.

텔레비전을 통해 새해 첫날 신년사를 전하는 김정은 위원장

★ **덕담** 남이 잘되기를 비는 말로, 주로 새해에 나누는 말.

은심이 얘기를 들어 보니 떡국도 먹긴 한
대요. 그런데 북한에서는 음력설인 구정보
다 양력 1월 1일인 신정을 더 중요하게 생각
한다고 했어요. 우리나라는 신정보다 구정을
더 중요하게 생각하는데 말이에요.

"나는 설 명절을 할아버지 할머니가 계시는 시골에서 보내. 거기 가면 맛있는 음식도 많이 먹고, 설날 아침엔 세뱃돈도 받을 수 있지, 히히. 은심이 너도 설에 어디 가?"

지호의 말에 은심이는 무척 부러운 기색이었어요.

"넌 남자여서 설날 아침에 세배하러 여기저기 다녀도 되겠다. 난 오전에 밖에 못 나가. 그래서 늘 늦은 세배를 하러 다녀야 해."

"왜 못 가는데?"

"나도 몰라. 옛날부터 그랬대. 설날 아침에 여자는 다른 사람의 집에 가면 안 된대."

'여자라서 안 된다니, 너무해…….'

지호는 은심이의 상황이 매우 안타까웠어요. 그러곤 북한의 명절 풍습에 대해 더 자세히 알아봐야겠다고 생각했답니다.

는 단어가 많았어요. 같은 말을 쓰는데 의미가 다르다니 신기했지요.

은심이와의 대화는 저녁때까지 계속되었어요. 그러다 문득 책상 위에 놓인 달력이 눈에 들어왔지요. 벌써 다음 주면 새해라는 사실이 믿어지지 않았어요.

'엄마 아빠한테 올해는 꼭 해돋이를 보러 가자고 졸라야지. 은심이는 1월 1일에 뭘 하려나?'

지호는 은심이에게 북한의 새해 문화에 대해 물어봤어요. 그랬더니 이게 웬일? 은심이네 집에서는 설날에 송편을 먹는대요. 우리는 추석 때 먹는 음식인데 말이에요.

궁금해하는 건 은심이도 마찬가지였어요. 지호가 먼저 답했어요.

"우린 설날에 떡국을 먹어. 떡국을 먹어야 나이를 한 살 먹었다고 생각하는 거지."

 떡국도 좋긴 하지만, 설 명절엔 역시 송편이지. 이건 지난 설 때 내가 만든 송편이다. 잘 빚었지?

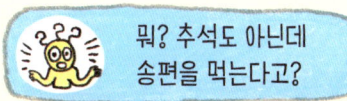 뭐? 추석도 아닌데 송편을 먹는다고?

"웬 수갑?
두 손을 맞잡고
있으라는 건가?"

내가 죄지은 사람도 아니고 웬 수갑?!"

수갑에 대해 물어볼 새도 없이 은심이는 상학 시간에 늦었다며 대화 창에서 사라졌어요. 상학 시간이 우리나라 말로 수업 시간을 뜻한다는 건 예전에 들어서 알고 있었는데, 수갑은 도대체 왜 끼라는 것인지 알쏭달쏭했어요.

수업이 끝나고 집으로 돌아오는 길에 은심이한테 연락이 왔어요. 지호는 궁금했던 수갑에 대해 물어봤어요. 설명을 들어 보니 우리나라에서의 장갑을 뜻하는 말이었지요.

"푸하하! 그럼 그렇지. 웬 수갑인가 했네."

지호는 은심이에게 우리나라에서 사용하는 수갑의 뜻이 무엇인지 알려 주었어요.

"남조선에서 수갑은 죄지은 사람의 두 손목을 연결하는 거라고? 어머나, 내가 아침에 너에게 이상한 소릴 했구나. 용서해라."

"아니야, 덕분에 북한에 대해 조금 더 알게 됐으니까 괜찮아."

대화를 나누다 보니 우리나라와 북한에서 쓰는 단어 중에는 전혀 다른 뜻으로 사용하

"북조선에서 수갑은
추운 날 손을 따뜻하게
보호해 주는 물건이야."

생활 33

2 생활

송편이 설날 음식이라고?

"에취!"

날씨가 점점 추워지자 지호가 감기에 걸리고 말았어요. 엄마가 잔소리하지 않아도 집 밖에 나갈 때는 장갑과 목도리를 꼭 챙기고 있지요.

"으, 너무 춥다. 북쪽에 사는 은심이는 더 춥겠지?"

그때 마침 은심이에게 메시지가 왔어요. 요즘은 늘 은심이와 메시지를 주고받으며 하루를 시작하지요.

"뭐? 수갑을 끼라고?

 잘 잤니? 우리 마을엔 어젯밤에 눈이 매우 많이 왔단다. 남조선도 추울 텐데 수갑 꼭 끼고 가라.

우리말	북한말	우리말	북한말
스타킹	양말바지	토마토	도마도
아이스크림	아이스크림/에스키모	토스트	군빵
어리숙하다	어질거리다	파마 머리	볶음머리
어묵	물고기떡	표절	도적글
에스컬레이터	계단승강기	햄버거	함부르그식빵
오므라이스	닭알쌈밥	혈액형	피형
오손도손	도손도손	화장실	위생실
오징어	낙지		
온라인 게임	직결유희		
외래어	굳어진말		
우울증	슬픔증		
의식주	식의주		
잔소리	진소리		
인터넷 검색	망유람		
잼	단조림		
주먹밥	줴기밥		
주차장	차마당		
창피하다	열스럽다		
채소	남새		
칼국수	제비국		
캐러멜	기름사탕		
탄산음료	탄산단물/청량음료		

미묘하게 다르네? 잘 알아 둬야 은심이랑 대화할 때 오해가 없겠어.

학교 31

더 알아보기
알아 두면 쓸데 있는 생활 속 북한 단어

우리말과 북한말은 같은 듯하면서도 다른 점이 많아요. 특히 단어 자체가 다른 경우가 많은데요. 각각 어떻게 다른지 살펴봐요.

우리말	북한말	우리말	북한말
가위바위보	가위주먹	머리가 아프다	골이 아프다
건널목	건늠길	모락모락	물물
공휴일	휴식날	뮤지컬	가무이야기
괜찮다	일없다	미트소스스파게티	고기즙친국수볶음
궁금하다	궁겁다	버튼	자동단추
근질근질	그닐그닐	볶음밥	기름밥
기가 막히다	억이 막히다	북적북적	욱닥욱닥
노크	손기척	브래지어	가슴띠
달걀	닭알	빙수	단얼음
덜렁거리다	건숭맞다	살금살금	발면발면
데이트	산보	살 빼다	몸깐다
도넛	가락지빵	샌드위치	겹빵
도시락	곽밥	수중 발레	예술헤엄
떡볶이	떡볶음	숙제를 제출하다	숙제를 바치다
드라이클리닝	화학빨래	스마트폰	지능형손전화기

북한 학생들도 다른 나라로 유학을 간다?!

북한은 다른 나라와의 교류가 거의 없어요. 외국에서 공부하는 유학 또한 흔하지 않은 일이지요. 옛날에도 그랬지만 지금도 북한 사람들에게 유학은 한 가닥 꿈이에요. 유학을 갈 수 있는 사람은 대체로 대학 졸업을 앞두고 있거나, 연구원이나 박사원에서 근무하는 사람들이 주요 대상이기 때문이에요.

예전에는 과학, 식품, 예절 등을 배우러 유학을 떠났지만 최근에는 그 분야가 점점 넓어졌어요. 2010년대에 들어서면서 애니메이션, 산림, 농업, 건축 등에 관심이 높아졌지요. 특히 정보 통신 분야에 젊은 유학생들이 많이 가서 수준 높은 기술을 배워 오고 있답니다.

대학생의 유학은 시대별로 조금씩 달라지고 있어요. 1980년대까지는 주로 러시아를 비롯한 동유럽 국가로 유학을 갔지만 2000년대에 들어서면서 서유럽 국가, 캐나다 등 유학 대상국이 다양해졌지요. 김정은 위원장도 스위스에서 유학 생활을 했어요.

최근에는 고급중학생들도 유학을 가는 경우가 있는데, 주로 중국으로 배우러 가요. 반대로 중국의 10대 학생들도 북한의 평양이나 국경 지역으로 유학을 오기도 해요.

인 예가 평양의 창광 유치원, 신의주의 본부 유치원이에요. 창광 유치원에는 학습실, 음악실, 악기실, 춤실, 자연실, 동물실, 실내 물놀이장, 체육 놀이  장, 지능 놀이실 등 다양한 전문 교육 공간이 있어요. 이곳에서는 최대 800여 명의 아이들이 전문 교육을 받는데, 그중 2~4살 정도의 유아가 300명 정도 돼요.

창광 유치원은 일반 유치원과 다르게 전문적인 교육을 통해 각 분야에 뛰어난 인재로 키우는 시스템이 잘 갖춰져 있어서, 평양 시내 입학 전 학생들 중 인재를 육성하는 유치원으로 유명하답니다.

본부 유치원도 뛰어난 재능을 가진 인재를 찾아내 영재 교육을 잘하는 것으로 유명해요. 체육과 예술, 창작, 과학 등에서 재능이 있는 아이들을 찾아내 약 2년 동안 꼬마 시인, 꼬마 수학 박사, 꼬마 작곡가, 꼬마 음악가 등 수많은 꼬마 영재들을 키워 내고 있지요.

그다음으로 과외를 많이 하는 과목은 수학이나 물리와 같은 기초 과목이에요. 학교에서 이러한 과목을 가르치는 교사들은 대학에 가려는 학생들의 가정 교사로 활동하며 돈을 벌기도 해요.

> **TIP 북한의 학원은 우리나라와 달라!**
>
> 북한의 학원은 우리나라의 학원과 개념이 달라요. 북한에는 각 지역마다 예술학원, 체육학원, 기술학원 등 다양한 학원이 있어요. 하지만 우리나라처럼 개인이 따로 가서 배울 수 있는 그런 곳이 아니에요. 북한의 학원은 우리나라의 전문대와 비슷한 곳이랍니다.

입학 전 인재 교육 체계 : 인재 육성 관리

텔레비전 뉴스나 인터넷 영상으로 북한의 아이들이 공연하는 모습을 본 적 있나요? 매체 속 아이들은 악기를 연주하며 노래를 부르거나 드럼을 치거나 작은 장구를 메고 춤을 추는 등의 공연을 하지요. 자세히 살펴보면 아이들이 매우 어리다는 것도 알 수 있어요. 대부분 7살 이하의 아이들이거든요. 음악뿐만 아니라 그림이나 서예를 잘하는 아이들도 많아요.

이토록 어린아이들이 어떻게 여러 분야에서 뛰어난 능력을 보이는 걸까요?

그 비법은 바로 북한의 입학 전 인재 교육 체계에 있어요. 대표적

북한에도 있는 과외 문화 : 사교육

북한의 사교육은 1990년대 말에 생겼어요. 당시 경제가 어려워지면서 나라에서 나눠 주던 물자가 모두 끊겼는데, 이때 가장 어려웠던 사람들이 교사들이었어요. 교사들은 살길이 막막해지자 잘사는 집에 가서 학생을 일대일로 교육하기 시작했어요. 과외 형식의 교육이 생긴 것이지요. 교사들은 그 보답으로 한 끼 식사를 해결하거나 쌀을 받았어요. 과외를 받은 학생들의 성적이 올라가자 2000년대부터는 '가정 교사'라는 말이 흔히 들릴 정도로 과외가 유행했답니다.

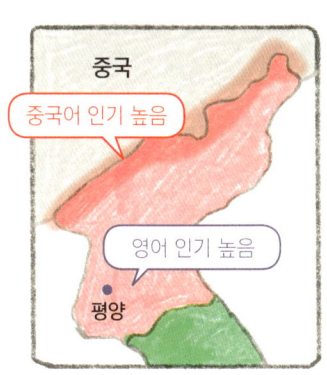

북한 학생들의 과외 과목은 주로 외국어, 예능, 수학 등이에요. 특히 외국어가 가장 인기가 높아요. 외국인들의 방문이 잦은 내륙 지역에서는 영어가 필수 외국어가 되고 있어요. 반면에 중국과 무역이 활발한 국경 지역에서는 중국어가 인기 있지요.

그다음으로 인기가 높은 분야는 악기 연주와 성악 수업이에요. 북한의 가정 교사들은 대부분 전문가인데요. 특히 음악 분야에서는 배우나 가수, 또는 전직 예술인처럼 예술 분야에서 일하던 전문가들이 예능 가정 교사로 나서고 있어요. 대중 악기로 사랑받는 손풍금(아코디언)이나 기타 등은 가정 교사가 모자랄 정도로 원하는 가정이 많답니다.

학을 보내요.

총 두 달이 조금 넘는 방학 기간 동안 북한 어린이들은 무엇을 할까요? 북한 아이들도 우리나라 아이들처럼 방학에 해야 할 과제가 있어요. 학교에서 방학 시기에 맞춰 학생들에게 과제를 내 주거든요.

학교에서는 학생들에게 국어, 영어, 수학 등 여러 과목의 방학 과제를 내요. 검사는 담임 선생님이 하는데, 학생들은 10일에 한 번씩 학교에 나와서 그동안 수행한 과제물을 검사받아야 해요.

사회 활동과 관련된 방학 과제도 있어요. 각 지역에 있는 김정은 위원장과 관련된 동상이나 비석 등을 청소하기도 하고, 주변에 어려운 이웃을 찾아 도움을 주기도 하지요.

학생들의 이런 모든 활동은 생활 기록부인 학생 평정서에 고스란히 기록돼요. 학생 평정서는 대학에 가거나 사회에 나가는 데 영향을 줘요. 학창 시절 자료를 통해 각 학생이 어떤 사람인지 어느 정도 파악할 수 있기 때문이지요. 따라서 학생 평정서에 좋은 평가가 기록되면 대학이나 회사에 들어갔을 때 첫 출발부터 좋은 이미지를 가지고 사회생활을 해 나갈 수 있답니다.

문화가 생겼어요. 북한에서는 케이크를 똘뜨라고 해요. 똘뜨는 러시아어로 케이크라는 뜻이랍니다.

> **TIP 생일에 인기 만점 '초코파이'**
>
> 북한 학생들의 생일잔치에서 가장 인기 있는 음식은 바로 초코파이예요. 초코파이는 개성 공단*을 통해 2000년대 중후반부터 북한에 들어가기 시작하여 북한 사람들의 마음을 사로잡았어요. 초코파이는 북한에서 구하기 어렵고 비싸기 때문에 거의 잘사는 사람들만 먹을 수 있어요. 초코파이를 먹으면 잘사는 집이라고 생각할 정도지요. 그만큼 북한에서 초코파이는 부의 상징이 되었답니다.
>
>
>
> 북한에서 만든 초코파이 '쵸콜레트단설기'

북한 아이들의 방학 생활

3월에 1학기가 시작되는 우리나라와 달리, 북한은 1학기를 4월에 시작하여 7월에 끝내요. 그 후 8월에 약 22일 동안 여름 방학을 보내지요.

2학기는 9~12월, 총 4개월을 공부한 뒤 다시 새해가 시작되는 1월부터 한 달 동안 겨울 방학을 보내요. 그런 뒤, 2월에 다시 개학을 하고 3월 중순까지 공부를 하다가 약 보름 동안 봄 방

🔺 **개성 공단** 남북 경제 협력 사업의 하나로, 북한 황해북도 개성시에 세운 공업 단지. 남한의 자본과 기술, 북한의 땅과 노동력을 합한 사업이었으나 2016년 2월에 폐쇄됨.

히 소학교에서는 1학년 때 한 반을 구성하는 담임 선생님과 학급 친구들이 졸업할 때까지 쭉 같은 반의 구성원이기 때문에 가족 같은 학교생활을 보내요.

학교 다니는 내내 같은 반이라니, 선생님이랑 친구들 잘못 걸리면 졸업할 때까지 고생이겠다.

북한에는 '전체는 하나를 위하여, 하나는 전체를 위하여'라는 구호가 있어요. 이 말은 항상 개인은 조직을 위한, 조직은 개인을 위한 행동을 해야 한다는 뜻이에요. 서로 돕고 이끌면서 학교생활을 하고, 주변의 어려운 주민 돕기 등의 좋은 일도 함께하지요.

1990년대 중반에 극심한 경제난에서 벗어나면서 북한 아이들 사이에 새로운 문화가 생겼어요. 생일에 학급 친구를 집으로 초대하는 문화가 생긴 거예요. 생일잔치를 통해 학급 친구들끼리 많은 이야기를 나눠요. 또한 싸워서 서먹서먹해진 친구들이 있다면 이런 날 화해하고 말끔히 풀지요.

이렇게 학급 전체가 서로의 생일을 축하해 주는 문화를 통해 관계가 더욱 돈독해진답니다.

2000년대 중반부터 북한에도 생일에 케이크를 먹는

내레 오늘 생일이라 똘뜨도 먹고 친구들이랑 재미있게 놀았다.
북한에서는 케이크를 똘뜨라고 하는구나!

군인들은 학생들 덕분에 따뜻한 겨울을 보낼 수 있단다.

어른들에게도 토끼털과 가죽을 내게 했지만, 현재는 학생들한테만 거두어들이고 있어요.

학생들에게 1년 동안 주어진 토끼 과제는 1인당 약 5마리예요. 이를 가정에서 해결하긴 힘들기 때문에 많은 학교에서 토끼 사육장을 마련해 놓고 집단 사육으로 과제를 해결하고 있어요. 여기서 모은 토끼 고기, 가죽, 털은 모두 인민군에게 보내져요.

토끼에게 먹이를 주는 일은 학생들끼리 당번을 정하여 돌아가면서 해요. 사료로는 주변 야산이나 들에서 뜯어 온 풀을 이용해요.

토끼 소조에 속한 학생들은 토끼의 생활 습성과 각종 질병 및 예방 치료 등에 대한 충분한 지식을 배워 나가면서 현장에 적용해요.

오늘은 수업이 끝나고 토끼 소조에 참여했다. 토끼 예쁘지 않니?

가족 같은 학급 구성원

북한의 모든 주민들은 조직 생활에 익숙해요. 학생들도 예외가 아니에요. 학급 구성원들은 매일 함께 공부하고, 대부분의 과외 활동도 함께하지요. 특어요. 2010년 이후, 북한에도 과외 교사가 재능 있는 학생을 도맡아서 전문적으로 가르치는 문화가 널리 퍼지고 있기 때문이에요. 이러한 문화의 영향으로 학생을 집단으로 모아서 가르치는 것보다 개인 과외 수업 같은 교육을 원하는 가정이 늘고 있답니다.

학교의 규모가 클수록 다양한 소조 활동이 있어요. 학생 수가 적은 학교에는 보통 체육이나 예술, 두 개의 소조 활동이 있어요. 주로 여학생은 예술 소조에, 남학생은 체육 소조나 자동차 소조 등에 관심을 갖지요. 학교에서 운영하는 소조 활동에 참여하는 학생들은 농촌 지원과 같은 노동 업무에 참여하지 않아도 돼요. 그래서 부모들은 아이들을 예술 소조나 체육 소조에 넣으려고 애를 쓴답니다.

토끼를 기르는 토끼 소조

소조 활동 중에서 아주 특이한 활동이 있는데, 바로 토끼 소조예요. 학교에서 기르는 토끼가 잘 자랄 수 있게 돌보는 활동이지요.

북한은 1970년대부터 현재까지 인민군(북한의 군대)을 위해 토끼털과 가죽 등을 거두어들이고 있어요. 1980년대까지는

방과 후엔 다양한 소조 활동

학교 수업이 끝나면, 우리나라 아이들은 주로 학원에 가요. 또는 집에 돌아와 쉬는 시간을 갖지요. 북한 아이들은 수업이 끝나면 무엇을 할까요?

북한 아이들은 주로 '소조 활동'을 해요. 자신이 좋아하는 분야나 특별한 재능을 가진 분야에 대해서 수준 높은 교육을 받는 활동이지요.

북한 학생들의 소조 활동

음악부에 속한 학생들은 음악실에서, 체육부에 속한 학생들은 실내 연습실이나 운동장에서 시간을 보내요. 문학부에 참여하는 학생들은 도서관에서 책을 읽거나 문학 창작 활동을 해요. 미술부는 미술실에서 창작 활동을 하지요.

평양과 같은 큰 도시에는 청소년을 위한 과외 교육 기관인 학생소년궁전이 있고, 각 지역에는 소년회관이 있어요. 학생들은 이곳에서 다양한 소조 활동을 하며 자신의 재능을 키워 나가고 있답니다.

요즘에는 북한에도 시장 경제가 조금씩 자리 잡고 있는데요.(4화에서 자세히 알려 줄게요!) 이 변화의 움직임은 교육 분야에도 영향을 주고 있

북한의 아이들은 무엇을 배울까?

북한은 지난 2013년에 교육 제도를 수정하면서 새로운 교과서를 펴냈어요. 예전에는 김정은 위원장 일가와 관련된 과목이 상당히 많았어요. 주로 나라의 지도자를 신처럼 숭배하도록 가르치는 내용이었지요. 이러한 교육을 '우상화 교육'이라고 해요.

하지만 2013년 이후에 만든 북한 교과서에는 우상화 교육에 대한 내용이 크게 줄었어요. 그 대신 수학, 과학, 영어 등 기초 과목에 대한 학습 내용이 크게 늘었답니다.

북한의 소학교, 초급중학교, 고급중학교 교과	
소학교	사회주의도덕, 국어, 영어, 수학, 자연, 정보기술, 체육, 음악무용, 도화공작, 김일성·김정일·김정숙·김정은의 어린 시절
초급중학교	사회주의도덕, 국어, 영어, 조선역사, 조선지리, 수학, 자연과학, 정보기술, 기초기술, 체육, 음악무용, 미술, 김일성·김정일·김정숙·김정은의 혁명활동
고급중학교	현행당정책, 사회주의도덕과 법, 심리와 논리, 국어문학, 한문, 영어, 역사, 지리, 수학, 물리, 화학, 생물, 체육, 예술, 정보기술, 기초기술, 공업기초, 농업기초, 군사활동초보, 김일성·김정일·김정숙·김정은의 혁명역사

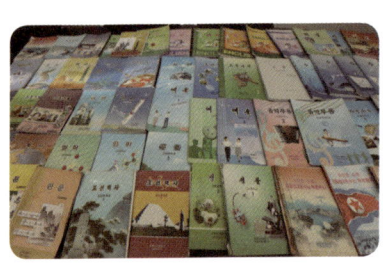

지도자들에 대해 배우는 교과가 따로 있다니 신기하네.

강조하는데, 그 틀을 지키지 않았기 때문이에요.

조선 소년단 조직은 각 학교, 학년별로 분단을 이뤄요. 학교 조선 소년단 분단 위원회에는 책임자인 '분단 위원장'을 비롯하여 '사상 부위원장', '조직 부위원장' 등이 있어요. 또한 분단 안에 꼬마 자금 담당 위원, 체육 담당 위원 등 4~6명의 위원들이 있지요.

이들 위원장과 위원들을 가리켜 '열성자'라고 불러요. 학습과 조직 생활, 과제 수행에 있어서 다른 학생의 모범이 되는 학생들이어야 열성자가 될 수 있답니다.

14살에 가입하는 김일성-김정일주의 청년 동맹

김일성-김정일주의 청년 동맹은 고급중학교 1학년 때인 14살 때 가입하여 30살까지 활동하는 사회 단체예요. 이때 조선 소년단에서는 자동적으로 탈퇴하지요.

청년 동맹 중앙 위원회는 조직부, 학생 청년부, 노동 청년부, 대학생 청년부 등 10여 개의 부서로 나뉘어요.

청년 동맹은 군대에도 있으며, 조선 노동당에 입당하는 주민을 제외한 나머지 주민들은 반드시 청년 동맹에 가입해야 해요.

김일성-김정일주의 청년 동맹

9살이 되면 가입하는 조선 소년단과 멸성자

북한 아이들은 소학교 2학년이 되는 9살 때 의무적으로 조선 소년단에 가입해요. 본격적인 조직 생활이 시작되는 것이지요.

조선 소년단 배지

조선 소년단 입단식은 2월 16일과 4월 15일, 두 차례에 걸쳐 전국에서 진행돼요. 두 날은 각각 김정일 위원장과 김일성 주석의 생일이지요. 이때 가입하지 못한 학생들은 6월 6일 조선 소년단 창립일에 입단식을 한답니다. 조선 소년단 가입은 공부를 잘하고 성실한 순서로 정해지기 때문에 일찍 입단할수록 자랑스러워해요. 반면에 6월 6일에 입단하는 아이들은 부끄러워한답니다.

조선 소년단에 가입하는 학생들은 소년단의 상징인 붉은 스카프를 목에 두르고 다녀야 하며, 조선 소년단 배지를 달아야 해요. 만약 스카프를 목에 두르지 않고 학교에 가면 처벌을 받아요. 북한은 획일성*을 매우

★ 획일성 모두 한결같이 다름이 없는 상태.

🕐 **오후 12:20 점심시간** 오전 수업이 끝나면 학생들은 집으로 돌아가 점심을 먹어요. 우리나라에서는 점심시간에 학교에서 급식을 먹지만, 북한에는 아직 급식 문화가 없어요. 그래서 모두 집에 가서 밥을 먹고 오후 수업을 들으러 되돌아온답니다.

🕐 **오후 1:30 오후 등교** 오후 시간에 하는 일은 학년마다 달라요. 학교 내에서 진행되는 행사나 단체 일정이 없으면 학급별로 오후 일정을 보내지요. 보통 수업을 한 교시 하고, 남은 시간은 대부분 학교 내 시설 관리와 꽃밭 정리, 체육 시설 보수, 운동장 정리 등을 해요.

🕐 **오후 4:30 하교** 수업이 끝나면 친구들과 모여 숙제를 하거나, 집으로 돌아가요. 보통 학교에서 집까지의 거리는 10분 거리에 있는 게 일반적이랍니다.

TIP 혼합반은 남녀 공학

2000년대 이전에는 북한의 대부분의 초·고급중학교가 여자 학교와 남자 학교로 나뉘어 있었어요. 하지만 2000년 이후부터는 따로 구별하지 않고 한 공간에서 함께 공부하는 문화가 널리 퍼졌지요. 이를 북한말로 '혼합반'이라고 한답니다.

등교부터 하교까지 : 학생들의 하루

🕖 **오전 7:30 등교** 북한의 학생들은 7시 30분까지 학교에 가요. 학생들의 등교 모습은 지역별로, 학교별로 다양해요. 개인별로 등교하는 학교가 있는가 하면, 학급별로 한 장소에 모여서 단체로 등교하는 학교도 있지요.

🕗 **오전 8:00 수업 시작** 학교에 일찍 가므로 수업도 이른 시간인 8시에 시작해요. 학생들은 학급별로 정해져 있는 수업 시간표에 따라 수업을 받아요. 북한의 수업 시간은 한 교시가 40분, 쉬는 시간이 15분이에요.

2교시나 3교시 수업을 마친 뒤, 학생들은

> 옛날에는 수업 시간이 45분, 쉬는 시간이 10분이었는데, 요즘에는 학생들에게 쉬는 시간을 5분 더 줘서 수업 시간이 40분, 쉬는 시간이 15분이 되었어!

'업간체조'라는 것을 해요. 수업 사이에 하는 보건 체조나 학생 율동 체조를 뜻하는 말이에요. 업간체조 시간이 되면 모두 운동장으로 나가 15분 정도 체조를 해요.

학생들은 체조를 통해 뭉친 어깨, 허리, 팔다리 등의 근육을 풀고, 기분 전환도 한답니다.

구령에 맞춰서 하나, 둘, 셋!

초급중학교는 초등학교일까, 중학교일까?

초등학교 4학년인 지호와 초급중학교 1학년인 은심이의 두근두근한 첫 만남! 잘 보았나요? 둘의 나이는 같지만 학년이 달라서 지호가 헷갈려 하기도 했지요. 이는 우리나라와 북한의 학교 제도가 다르기 때문이에요.

일정한 나이에 이르면 반드시 받아야 하는 교육을 '의무 교육'이라고 해요. 우리나라의 의무 교육 기간은 초등학교 6년, 중학교 3년이지요. 이 기간 동안은 무료로 교육을 받을 수 있는데, 이를 무상 교육이라고 해요. 북한의 의무 교육은 12년으로, 역시 무상 교육이에요. 5살이 되면 유치원에서 1년을 보내고, 차례대로 소학교 5년, 초급중학교 3년, 고급중학교 3년을 다니게 된답니다.

북한에서는 우리나라보다 더 일찍 의무 교육을 시작해.

우리나라와 북한의 의무 교육

우리나라	나이	북한
의무 교육 아님	5살	유치원(높은 반) 1년
	6살	소학교 5년
	7살	
초등학교 6년	8살	
	9살	
	10살	
	11살	초급중학교 3년
	12살	
	13살	
중학교 3년	14살	고급중학교 3년
	15살	
	16살	

감이 느껴졌어요. 하지만 대화를 나눌수록 은심이와 말이 잘 통했고, 특히 북한에 대해 하나하나 잘 가르쳐 줘서 매우 상냥한 아이라는 생각이 들었어요. 마치 딱딱한 말투에 다정다감했던 외할아버지처럼 말이에요.

지호는 문득 고마운 마음에 은심이에게 선물을 보내고 싶어졌어요. 지호는 고민 끝에 '여학생 시리즈' 이모티콘을 선물로 보냈어요.

지호는 그날 처음으로 빨리 통일이 되었으면 좋겠다고 생각했어요. 그래야 실제 선물을 은심이에게 택배로 보낼 수 있을 테니까요.

너레 지금 뭐 하니? 통보문 쓰기 불편한 상황이니?

너레? 너레가 뭐야? 통보문은 또 뭐고?

조선말을 하면서 조선말을 모르니? 네가 지금 무엇을 하고 있느냐는 말이야. 통보문은 우리가 지금 나누는 말들이 통보문이지.

아~ 학교 끝나고 집에 왔어. 근데 말이야. 아까 왜 네 나이를 11살 5개월이라고 한 거야?

아, 너레 남조선에서는 나이 소개를 그렇게 안 하는 모양이구나? 이곳에서는 자기소개를 할 때 정확하게 '몇 살 몇 개월'이라고 말해.

지호는 은심이의 답문을 보고 무릎을 탁! 쳤어요. 은심이가 나이에서 개월 수까지 말할 때 귀여운 척하는 건 줄 알았거든요. 또 문자 메시지를 북한에서는 통보문이라고 부르다니, 이 또한 귀여운 느낌이 들었어요.

'근데 초급중학교면 초등학생인 거야, 중학생인 거야?'

은심이는 초급중학교에 다니고 있다고 했어요. 초등학교 4학년인 지호는 은심이에게 북한의 학교 제도에 대해서도 물어보았답니다.

지호는 은심이와 오늘 처음 대화를 나누었지만 원래 알던 사이처럼 친근하게 느껴졌어요. 처음엔 은심이의 말투가 너무 무뚝뚝해서 거리

강은심
안녕하십네까? 내레 양강도 대홍단군 삼장 초급중학교에 다니는 강은심입네다. 나이는 11살 5개월이고, 메신저 친구 추천에 동무가 있었습네다. 동무는 누굽네까?

아, 나도 11살. 난 서울에 사는 지호라고 하는데, 너 혹시 북한 사람이야?

강은심
응, 반갑네 동무. 너 나랑 친구할래?

응! 좋아!!

　지호는 깜짝 놀랐어요. 낯선 소녀의 글에서 텔레비전에서 듣던 북한 말씨가 느껴졌기 때문이에요. 하지만 곧 그보다도 북한 친구와 대화를 한다는 생각에 신기하고, 놀랍고, 반가운 마음이 들었답니다.

　'근데 11살이면 11살인 거지, 5개월은 뭐람? 애기 나이 세는 것도 아니고 말이야. 초급중학교는 뭐지? 그래도 북한에 사는 친구라니, 완전 좋다! 이번 기회에 북한에 대해 궁금했던 거 모조리 물어봐야지!'

　지호의 외할아버지는 북에서 태어나 6·25 전쟁 때 남쪽으로 피란을 내려왔다고 했어요. 어릴 때 외할아버지가 들려준 북한 이야기 속에는 알쏭달쏭한 부분들이 많았지요. 지호는 은심이와 친구가 되어 북한에 대해 알아볼 수 있다는 점 때문에 마음이 두근거렸어요. 지호는 서둘러 집으로 향했답니다.

1 학교
내 메신저에 북한 소녀가 나타났다!

"빨리 집에 가서 놀아야지~!"

기다리고 기다리던 짱 즐거운 하굣길! 지호는 흥얼흥얼 콧노래를 부르며 가벼운 발걸음으로 교문을 나왔어요. 그때 마침 스마트폰에서 알림이 울렸어요. 메신저에 새로운 친구가 등록되었음을 알리는 소리였지요.

'엥? 은심이가 누구지?'

지호는 아무리 생각해도 은심이가 누구인지 떠오르지 않았어요. 프로필 사진도 처음 보는 얼굴이었지요.

그때였어요. 알림 소리와 함께 의문의 소녀가 말을 걸어왔어요.

함경북도

나선특별시
두만강을 사이에 두고 중국, 러시아와 맞닿아 있어요. 유일하게 자본주의 경제 체제를 적용한 지역이라 부자가 많아요.

자강도
면적의 90퍼센트가 산지이며, 북쪽으로 압록강이 흘러요. 물이 맑고 과수원이 많아서 배, 포도, 과실주 등으로 유명하지요.

양강도
북쪽으로 압록강과 두만강이 흘러 양강도라 불러요. 감자가 많이 나며, 풍산개의 고향이기도 해요.

함경남도
북쪽에 개마고원이 있어요. 지형을 이용한 대형 수력 발전소가 많아요. 명태식해, 수산물, 광물 등이 유명해요.

함경북도
중국, 러시아와 맞닿아 있으며, 두만강이 흘러요. 불곰, 시베리아호랑이 등 야생 동물이 많고, 송이버섯으로 유명해요.

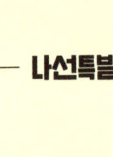

북한의 각 지역을 소개해 줄게!

우리나라	비교	북한
대한민국 (Republic of Korea)	정식 나라 이름	조선 민주주의 인민 공화국 (Democratic People's Republic of Korea)
서울특별시	수도	평양직할시
약 5,170만 명	인구	약 2,572만 명
약 10만 km²	면적	약 12만 km²
무궁화	국화	목란(함박꽃나무)
대통령	국가 원수	최고 지도자(국무위원회 위원장)
홍익인간 (널리 인간을 이롭게 한다)	표어 (이념)	강성대국 (나라의 힘이 강하고 모든 것이 흥한다)
태극기	국기	인공기

한눈에 보는 북한 정보

평안북도
압록강을 사이에 두고 중국과 맞닿아 있고, 동쪽에 묘향산이 있어요. 영변 비단, 창성 고추, 황치령 샘물 등이 유명해요.

황해북도
우리나라 인천광역시, 경기도와 맞닿아 있으며 임진강이 흘러요. 개성 공단이 있는 곳이며, 대추로 유명해요.

황해남도
우리나라 인천광역시와 맞닿아 있는 곳으로, 몽금포 타령으로 유명한 몽금포가 있어요. 사과, 배 등 과일이 많이 나요.

평안남도
서해와 닿아 있으며, 대동강과 청천강이 흘러요. 석탄이 많고, 댐과 발전소가 많아요. 조개류, 밤, 사과 등이 많이 나요.

평양직할시
북한의 수도이자 정치·문화·교육의 중심지예요. 시내 중앙을 흐르는 대동강과 평양냉면 등이 유명해요.

남포특별시
북한에서 두 번째로 큰 도시로, 대동강 하구에 있는 항구 도시예요. 북한 무역의 대부분이 이곳을 통해 이뤄지고 있어요.

강원도
우리나라와 북한이 나눠서 지배하는 도예요. 금강산이 있어 우리에게 친숙하며, 녹두가 유명해요.

지도 표기: 백두산, 양강도, 자강도, 함경남도, 평안북도, 묘향산, 평안남도, 평양직할시, 남포특별시, 금강산, 구월산, 황해북도, 강원도, 황해남도, 개성 공업 지구

등장인물

지호
서울에 사는 11살 남자아이예요. 어느 날 메신저에 나타난 북한 소녀 은심이 덕분에 북한 문화에 대해 알아 가지요. 가끔은 은심이와 얘기가 안 통할 때도 있지만, 꾸준한 대화를 통해 서로의 다른 문화를 이해해 나가요.

은심
양강도 대홍단군에 사는 초급중학교 1학년 학생이에요. 우연히 설치한 메신저의 친구 추천 목록에서 지호를 발견하고는 호기심에 말을 걸지요. 북한에 관심을 보이는 지호에게 북한의 실생활에 대해 들려준답니다.

차례

한눈에 보는 북한 정보   8

1 학교
내 메신저에 북한 소녀가 나타났다!   10
더 알아보기 알아 두면 쓸데 있는 생활 속 북한 단어   30

2 생활
송편이 설날 음식이라고?   32
더 알아보기 통일이 되면 꼭 가야 할 평양 맛집   56

3 정치
태양절이 무슨 날이라고?   58
더 알아보기 한반도는 왜 남한과 북한으로 나뉘었을까?   74

4 경제
짜장면이 얼마라고?   76
더 알아보기 개성 공단은 왜 멈추었을까?   90

5 문화
너와 나, 우리 꼭 만나!   92
더 알아보기 북한의 명산 Top 5   106

통일을 해야 하는 이유   108
찾아보기   112

용하는 것도 우리들, 더 나아가 후손들의 몫이지요.

그리고 아무리 낙후되었다고 해도, 북한 지역의 산업 시설들도 우리가 함께 발전시켜 나가야 할 한반도의 한 부분이라는 목소리가 높아지고 있어요. 더불어 북한에 대한 관심도 많아지고 있고요.

우리 민족이 전통적으로 지켜 오고 있는 한민족 문화는 그 누군가가 아닌 우리들이, 대한민국의 미래인 여러분이 발전시키고 이어 나가야 한다고 생각해요. 대한민국에서는 최근 정에 대한 문화가 말라 가고 있지만 북한에서는 아직까지도 정이 뚝뚝 묻어나는 문화가 많이 남아 있어요. 이런 문화를 공유하면서 발전시켜 나가는 것이 우리 것을 지키는 것이 아닐까요?

지금까지 알려지지 않은 수많은 북한 정보는 앞으로도 계속해서 공개될 거예요. 특히 최근 긍정적으로 급변하는 북한의 모습은 우리에게 좋은 이미지로 다가오고 있지요. 그러니 북한에 대한 기본적인 지식은 알아 두면 좋아요.

대한민국에 정착한 지 9년 만에 처음으로 책을 낼 수 있는 기회를 주시고, 부족한 필력에도 이 책을 낼 수 있게 많은 도움을 주신 지학사 아르볼에 진심으로 감사의 인사를 드립니다.

지은이 강미진

작가의 말

한반도를 발전시켜 나갈 어린이들에게

이 책에서 접하게 될 북한의 모습은 극히 일부라는 점을 밝힙니다. 북한에는 책에 언급되지 않은 더 많은 자연과 관광 명소들, 그리고 학생들을 위한 야영소와 교육 시설이 있지요.

외부에 알려진 것처럼 민둥산으로 벗겨진 곳도 있지만, 천연 자연을 그대로 품고 지금까지 보존되어 오고 있는 곳도 많아요. 백두 밀림이 그 대표적 사례이고 칠보산, 묘향산, 금강산, 구월산, 마식령 등 북한의 명산들도 우리 민족이 함께 가꾸어 나가면 좋을 곳이지요. 그 속에서 얻을 행복도 남북이 함께 느낄 수 있는 그런 날을 만들어 가야겠지요.

또 서양 문화가 많이 들어온 대한민국과 달리, 북한은 고전적인 것을 고집하고 있어요. 우리 조상들의 옛 음식 문화도 잘 전해 내려와서 음식을 통해 옛 시절을 그려 볼 수 있답니다.

북한의 자연 속에서 나는 약초와 산열매, 산나물은 대부분 자연산이에요. 이런 자연이 주는 선물을 보존하고 관리하면서 생활에 잘 활

아르볼 생각나무

동무, 우리 친구하자요! 😊

북한 친구를 추가 하겠습니까?

수락   거절

누구야, 넌? 😮

글 강미진 그림 김민준

지학사아르볼

사진출처

셔터스톡_ 18p / 김일성-김정일주의 청년 동맹 20p / 악기 소조, 무용 소조 21p / 서예 소조 28p / 신의주 본부 유치원 41p / 가을걷이 중인 북한 농민들 44p / 공원에서 휴식 중인 사람들, 평양 중앙 동물원 입구, 평양 개선 청년 공원 유희장 50p / 궤도 전차, 대형 버스 씨비차 51p / 평양 택시, 평양 지하철 52p / 지하철 안내원 54p / 북한에 관광 온 외국인들 65p / 폭죽놀이 66p / 조선 노동당 창건 기념탑 71p / 농사짓는 모습 82p / 천리마 동상 104p / 컴퓨터 수업 중인 학생

연합뉴스_ 19p / 북한 교과서 28p / 피아노 교육받는 영재 유치원 어린이, 창광 유치원 실내 물놀이장 90p / 6·15 남북 정상 회담 91p / 개성 공단 중단에 항의하는 사람들, 개성 공단 재가동을 위한 집회 101p / 예술 교육 중인 아이

위키피디아_ 49p / 북한 기차(Kristoferb) 64p / 전승 기념일 행사 퍼레이드(Uri Tours) 65p / 퍼레이드를 구경하는 평양 사람들(Uri Tours) 90p / 개성 공업 지구(Mimura) 96p / 아리랑 집단 체조(stephan), 아리랑 태권도 공연(Kok Leng Yeo) 102p / 장충 성당(Uri Tours) 103p / 마식령 스키장(Uri Tours)

게티이미지 뱅크_ 39p / 오곡밥과 나물 43p / 신랑 신부 67p / 주체사상탑 93p / 보현사와 8각 13층 석탑 104p / 통화 중인 북한 사람

플리커_ 107p / 칠보산(William Proby)

북한 친구를 추가 하겠습니까?

ⓒ 강미진, 2019

1판 1쇄 발행 2019년 10월 25일 | **1판 4쇄 발행** 2023년 5월 25일

글 강미진 | **그림** 김민준
펴낸이 권준구 | **펴낸곳** (주)지학사
본부장 황홍규 | **편집장** 김지영 | **편집** 박보영 이지연 | **디자인** 이혜리
마케팅 송성만 손정빈 윤술옥 박주현 | **제작** 김현정 이진형 강석준 오지형
등록 2010년 1월 29일(제313-2010-24호) | **주소** 서울시 마포구 신촌로6길 5
전화 02.330.5263 | **팩스** 02.3141.4488 | **이메일** arbolbooks@jihak.co.kr
ISBN 979-11-6204-068-3 73340
잘못된 책은 구입하신 곳에서 바꿔 드립니다.

제조국 대한민국   **사용연령** 8세 이상
KC마크는 이 제품이 공통안전기준에 적합하였음을 의미합니다.

지학사아르볼 아르볼은 '나무'를 뜻하는 스페인어. 어린이들의 마음에 담긴 씨앗을 알찬 열매로 맺게 하는 나무가 되겠습니다.

홈페이지 www.jihak.co.kr/arb/book | **포스트** post.naver.com/arbolbooks